なぜ，遊園地は
子どもたちを魅きつけるのか？

白土　健・青井なつき

創成社新書
21

はじめに

ゲームセンターもプレイステーションも携帯電話もなかった昭和30年代、子供の遊び場といえば、なぜか必ず土管の置いてある原っぱで、廃屋となった工場などは格好の隠れ家だった。大人にはナイショで基地を作り、家からサンリツの棒パンなどを持ち込んで、陽が暮れるまで遊び回った。

手にしているのはめんことベーゴマ、銀玉鉄砲。ゲームセンターは、さしずめ近所の駄菓子屋で、くじはなかなか当たらなかった。

そんな中、「遊園地」はあの頃の子どもたちにとって、憧れの夢の国だった。

バスに乗って、電車に乗って、町内という小さな世界から離れ、遠いところへ行くというだけでもわくわくしたのに、そこにはさらに飛行塔や観覧車、メリーゴーランドが色とりどりの風船と一緒に待っていた。

……それはアルバムを開けば、どこかに1枚はある写真。帽子をかぶり、いつもよりは数段もおしゃれしたセピア色のこども時代。
当時、活気あふれる高度成長の力強い足音とともに建設された遊園地たち。それは未来を信じ、夢を信じ、太陽の下で日が暮れるまで真っ黒になって遊んでいた高度成長期の子どもたちとぴったりと重なっている。

本書では、2006年に刊行した『セピア色の遊園地』を新書版として改訂し、惜しくも閉園してしまった老舗遊園地の夢の軌跡をたどり、一方で、バブル期に乱立され、中にはわずか数カ月で崩壊していった巨大テーマパークとの閉園事情との比較などを探っていく。
今や中年となった世代が、昔、遊園地で遊んだ思い出を懐かしむだけではなく、当時、まっすぐな瞳で未来を見つめていた自分を思い出し、再び、「そうだ、あの頃は夢があった」と、日々のストレスに疲れた自分に活力が取り戻せるような、そんな読み物となってくれれば、と切に願う。

2008年（平成20年）1月吉日

白土　健・青井なつき

おかげさまで新書版として改訂刊行された２００８年版は、各界評論家の皆様から過分なお褒めの言葉を頂戴した。また各メディアにも取り上げていただき、２０１４年には、朝日新聞の『再読コーナー』の『記者おすすめの一冊』にも選ばれ、誠に幸せな一冊だった。

今回、時が流れ、２００８年版の刊行から、世の移り変わりによって、テーマパークなどにも変化が見られたことから、しぶとくも、またまた第2版を出す運びとなった。

このちっぽけな一冊が、皆様の懐かしい思い出を呼び覚まし、心の中に小さな安らぎをもたらすことができたなら、著者として、どんなに嬉しいことかと思う。

２０１６年（平成28年）８月吉日

白土　健・青井なつき

目次

第Ⅰ部　つわものどもが夢の跡　セピア色の遊園地

第1章　これぞ和製ディズニーランド　～横浜ドリームランド

ティンカーベルが魔法の杖をひと振りすると、テレビの画面が万華鏡のように花開く。金曜日の夜7時。めくるめく夢物語の始まりだ。それは1958年（昭和33年）から9年間、NTVで放送されていた『ディズニーランド』。

カラーテレビの普及は東京オリンピックをきっかけにした1964年からのことなので、放送開始からの6年間はほとんどの子どもたちが白黒テレビで番組を観ていたことになる。

だが、ヤキモチ焼きの妖精ティンカーベルがいざなう番組のオープニングは、いつも鮮やかな色合いに溢れている気がした。白黒テレビで観ていても、昭和30年代の子どもたちは、常に頭の中で美しい色の世界を想像していたのだ。

そんな『ディズニーランド』を観て育った子どもたちは、1964年（昭和39年）8月、完成したばかりの（といってもまだまだ増築途中だったが）横浜ドリームランドを目にして直感した。

どこか外国に来たような、広く美しく舗装された道路の先にそびえる、お城のように立派な真っ白いゲート。「そうだ、これはディズニーランドだ！」と。

子どもの直感は侮れない。実はこの横浜ドリームランドは、昭和の興行師・松尾國三が渡米した際、アメリカのディズニーランドを見て感動し、いわば「和製ディズニーランド」として日本に作ったものだからだ。

「和製ディズニーランド」を作った昭和の興行師・松尾國三

本家ディズニーランドが、あまりの模倣に激怒したという逸話も残るこの「和製ディズニーランド」こと横浜ドリームランド。そんな日本版夢の国を創設した松尾國三とは、一体、どんな人物だったのか。まず、そのあたりを探ってみたい。

時は明治に遡る。のちに興行界の立志伝中の人物と呼ばれた松尾國三は、1901年（明治34年）6月8日、農家の4人兄弟の三男坊として佐賀県に生まれた。10歳にして父親を失い、駄菓子の行商をして家計を支える母親を助けるために、小学校3年終了とともに旅芝居の一座に入り、早くも1914年（大正3年）には15歳で興行師として独立する。

1919年（大正8年）には大阪で若手俳優30名の一座を創立し、当時の満州やアメリカなどにおいて歌舞伎公演を行い、興行師の第一人者としての地位を築くとともに、1934年（昭和9年）には新宿の新歌舞伎座経営など本格的な劇場経営にも乗り出していく。

戦後の1948年（昭和23年）には雅叙園観光株式会社の経営にも乗り出し、1954年（昭和29年）、当時、雅叙園観光株式会社の社長だった松尾は歌舞伎の地方巡業などで関係を持っていた松竹から頼まれる形で、大阪歌舞伎座の経営建て直しに当たることになる。実はこれがのちに、松尾を横浜ドリームランド建設へといざなうきっかけとなるのである。

興味深いのは、この大阪歌舞伎座は、もともと1914年（大正3年）5月に大阪千日前に開業した大阪随一のアミューズメントパーク『千日前楽天地』の跡地に建てられたものだということだ。この地上3階建ての『千日前楽天地』には、劇場や演芸場、動物園や遊戯施設などが設置され、かなりの人気を博したが、当時の経営者だった松竹の判断で1930年（昭和5年）に閉鎖され、その2年後の1932年（昭和7年）9月に大阪歌舞伎座として生まれ変わる。この大阪歌舞伎座は東京にも例をみない観客3、000人を収容できる大劇場で2重回り舞台装置など設備も充実していて、関西歌舞伎の殿堂と呼ばれたという。

しかし、戦後、多くの歌舞伎役者が東京に移住するなど、ここにも時代の波が押し寄せ、大阪歌舞伎座は関西歌舞伎の衰退とともに、あまりにも大型施設だったゆえに経営困難に陥ることとなる。

そこで松尾の登場となるのだが、その前に、大阪歌舞伎座と、のちに日本ドリーム観光株式会社となる千土地興行株式会社の関係を示しておこう。

千土地興行株式会社は、元は南海鉄道系列の千日土地建物株式会社として設立されたものだったが、『千日前楽天地』を開業後、1921年（大正10年）に松竹に買収され、同社の傍系企業となった。その後、大阪歌舞伎座を開場、1951年（昭和26年）に千土地興行株式会社と名を改めた。つまり、千土地興行という会社は、発端から遊園地事業を手がけていた会社だったのである。

1954年（昭和29年）、松竹からいわば泣きつかれる格好で、千土地興行株式会社の代表取締役に就任した松尾は、大阪歌舞伎座の経営建て直しに当たることになる。

だが、そもそもの経営の悪化から労組の争いなども激しく、松尾は大阪歌舞伎座の縮小移転を決断、1958年（昭和33年）4月、大阪歌舞伎座は幕を閉じることになる。この大阪歌舞伎座の閉鎖とともに、同年、松尾が行ったのが、映画館なんば大映跡地での新歌舞伎座の開場（10月1日）と大阪歌舞伎座を改装利用した千日デパートのオープン（12月1日）である。

千日デパートといえば、死者118名・重軽傷者78名という大惨事となった1972年（昭和47年）5月13日の「千日デパート火災」が即座に頭に浮かぶが、開業当時は、6階に演芸場、屋上には日本初の屋上観覧車が設置され、テレビコマーシャルとともに大阪名物の1つともなった場所である。

そう考えてみると、松尾の横浜ドリームランドは、この千日デパートの屋上遊園地から始まったといってもいいのかもしれない。

松尾はこうした建て直し事業を行いながらも、1955年（昭和30年）9月には、市川猿之助一座の国慶節歌舞伎使節団の中国公演を手がけ、翌1956年（昭和31年）6月には中国の名優梅蘭芳氏を団長とする90名の中国京劇団を日本に招待し、日中芸術交流のきっかけを作るなど、国際的興行師として不動の地位を確立していく。

1972年（昭和47年）9月に時の総理大臣・田中角栄が中国を訪問、日中国交正常化の証として「日中共同声明」に署名をする17年も前の話である。

そして、1960年（昭和35年）6月には、約100名の歌舞伎大一座の団長として日米修好百年記念祭に参加し、アメリカ各地で親善公演を開催する。

そんな慌ただしい中の1950年代後半、アメリカ視察旅行に出かけた松尾は、あるものを目にすることになる。

それが、1955年（昭和30年）にできたばかりのディズニーランドだったのである。


なぜ、日本に『ディズニーランド』なのか？


では、それまで興行師としての道を主体に歩んできた松尾が、なぜ、日本に「和製ディズニーランド」を作ろうとまで思ったのか。どうしてそれほどまでにディズニーランドに魅かれたのか。もう一度、松尾の人生を振り返ってみよう。

先にも述べたように、松尾は農家の三男として生まれ、家計を助けるために、わずか10歳で旅芝居の一座に身を投じている。つまり、学歴も持たず、已れの才覚1つで天下の松竹から経営を請われる人物とまでなったのである。だが、出る杭は打たれるの言葉通り、学歴のなさに口惜しい思いをしたことも何度かあっただろう。

そんな松尾が第二次大戦後、目にするのは敗戦国日本で浮浪児となった子どもたちが生きるためにかっぱらいや盗みを行うという悲しい姿だ。

その時に、すでに国際的興行師としての地位を確立した松尾が願ったのは次世代の子どもたちのために何かがしたい、何か夢を与える事業がしたいということではなかっただろうか。

そこで松尾は、1957年(昭和32年)1月、まず、「財団法人松尾育英会」を創設する。

「財団法人松尾育英会」の公式ホームページの「松尾育英会の概要」には、

「財団法人松尾育英会は、故松尾國三氏の意志に基づいて、昭和32年に創立された公益法人です。当財団は、経済的理由により大学に進学できない事情にある優秀な学生に対し、その修学上必要な一切の経費を給付し、さらに学生相互が切磋琢磨して人格を形成する場として学生寮を提供することにより、将来国家社会の健全な発展に貢献する有為な人材を育成することを目的とした、育英給付金は無返還とするユニークな育英会です」

と書かれている。

一般に苦学したり、苦労した人間はいわゆる「苦労自慢」というか、「最近の若者は甘えている」といった言葉を口にしがちで、「苦労を味わってのし上がってこそ本物だ」といった意見を持つことが多いが、松尾は違った。

自分が味わった学歴のなさゆえの悔しさ、貧しさゆえに学校へ行けなかった寂しさを、次世代の子どもたちには味わわせたくはなかったのだろう。

「向学心に燃える若者に、勉強のできるチャンスを与えたい……」。「財団法人松尾育英会」創設には、そんな思いが込められている気がするのだ。

そして、次に、アメリカにおいてディズニーランドに出会った松尾は、これこそが子どもに夢を与える魔法の国だと思ったに違いない。

大人も子どもも時を忘れて楽しめる、世界で一番幸せな場所＝ディズニーランド。「財団法人松尾育英会」で子どもが勉強をするチャンスは作った。次に作るのは夢の国だ。

横浜ドリームランド構想のきっかけは、一般的には「観光資源の開発が日本の経済再建につながると信じた松尾が社運をかけて立ち上げた事業」といわれているが、その根底には、松尾が歩いて来た苦難の道から生まれた、「次世代の子供たちの夢を育もう」という松尾の切なる思いが流れているような気がしてならない。

そうして１９６１年（昭和36年）、松尾はまず、奈良ドリームランドを開園する。

この奈良ドリームランドは、中央にシンデレラ城のような城がそびえ、冒険の国、未来の国、幻想の国とテーマによって乗り物が配置されるという、まさにディズニーランドを範にした作りとなった。

ヨーロッパの香り漂う遊園地
『横浜ドリームランド』華やかに開園

そして、その2年後の1963年（昭和38年）5月には、社名も「日本ドリーム観光株式会社」と改称し、1964年（昭和39年）8月、毎日新聞社の後援も得て、いよいよ横浜ドリームランドは開園する。

横浜市戸塚区の俣野・和泉・深谷にまたがる丘陵地帯に建てられた横浜ドリームランドの総敷地面積は132万平方メートル。

本家アメリカのディズニーランドの約3倍という広さで、総工費は約200億円。うたい文句は、「科学と芸術の粋を結集した世界一の教育観光遊園地」。

開園式には、当時、松竹の人気女優だった岩下志麻が松尾と並んでテープカットを行い、数百発の祝賀花火が打ち上げられるという華やかさで、園内は各界から訪れた著名人で溢れかえった。

横浜ドリームランドの特徴は、奈良とは違い、ヨーロッパの雰囲気を基調としたもので、建物もバッキンガム宮殿をモデルに造られた。

『横浜ドリームランド』と書かれたアーチをくぐり、両側にはマロニエが植えられたメインストリートをまっすぐ進むと荘厳な正門が現れる。

バッキンガム宮殿といえば名物は、あのトレードマークともいえる丈の長い黒い帽子をかぶった衛兵だが、横浜ドリームランドの正門にも、ちゃんとその衛兵が立っていた。

当時、バッキンガム宮殿の衛兵は、子どもにとっても、大人にとっても、それまでテレビなどでも、ほんの稀にしか見ることのできなかった存在である。

それが目の前に立っているのである。それだけで多くの観光客は目をみはった。

観客の驚きはそれだけではなかった。正門を入ると、「宮廷庭園」と呼ばれる大花壇が広がり、そのはるか先には瀟洒な円形レストランがあり、さらにその先には見たこともないような大きな噴水が高々と様々な弧を描きながら水を噴き上げている。

「宮廷庭園」の両側には、ヨーロッパの古い町並みを模したショッピングアベニューが造られ、そこには園内遊覧用のクラシックスタイルのダブルデッカーが走り、専属ブラスバンドを従えた衛兵のパレードが行われた。「宮廷庭園」も含めて、「グランドアベニュー」と呼ばれた一帯である。

横浜ドリームランドには、ミッキーマウスやドナルドダックといった遊園地自体を引っ張る強烈なメインキャラクターはいなかったが、一糸乱れず行進をしていく衛兵の姿は素晴らしくカッコ良く、充分な目玉商品となっていた。

開園まもない正面ゲート。バッキンガム宮殿を模した建物とりりしい衛兵の姿がまぶしい。（写真提供：吉井健三氏。『夢の国　ドリームランド』より）

横浜ドリームランド開園から10年近くスタッフとして関わっていたという横浜市在住の吉井健三さん（72歳）は、当時を振り返って、こう語る。

「いやぁ、何もかもピカピカでしたよ。本当に美しかった。我々、遊園地側の人間でさえ、それまで観たこともなかったようなものがどんどん造られていって、お客さんよりも先に我々が驚き喜んでいました。反面、こんな巨大で立派なものを造っちゃってねえ、大丈夫なんかなぁと思ったりもしましたよ」。

実は筆者青井も、横浜ドリームランドに、まず開園日、さらにモノレール開通日に母親に連れられて遊びに行っている。

「赤茶けた土埃のイメージが強いんですが、あれは何だったんでしょうか?」と少々、意地悪ともいえる質問をぶつけたところ、吉井さんは苦笑しながら、

「ああ、やっぱり、そうでしたか。あそこの土地はいわゆる関東ローム層でしてね。ともかく、風が吹くと、赤茶けた土埃が舞うんです。特に開園当時はホテルの新築工事なども行われていましたからね、そこから遊園地の方にも土が吹き寄せてくる。悪いことに…というか、遊園地内のメインストリートは白が基調になっていましたからね。土埃が目立つんですよ。あれには閉口した覚えがあります」と答えてくれた。

当時は斬新で魅力的なアトラクション

ラクダも潜水艦も体験できた

だが、そんな土埃も吹き飛ばすような魅力的な乗り物が、横浜ドリームランドにはそろっていた。

まるで本当に海底探検をしているような気分になれる潜水艦。

巡航船に乗って進むと恐竜が水中からいきなり現れ、客を驚かす「冒険の国」。

「子供の国」では、男の子は空を飛ぶピーターパンの下を高く旋回する海賊船に乗って歓声をあげ、お伽列車に乗った少女は巨大なガリバーの脇を通り、シンデレラの乗る馬車を横に見て、小さな胸に憧れのため息をついた。

エジプトを再現した砂漠地帯では、動物園でしか見ることのできなかったラクダに実際に乗ることができたし、「スポーツランド」に行けば、当時、世界一の大きさといわれた75メートルの観覧車ワンダーホイールや、水に向かって突っ込んでいくボブスレーなどが待ち構えており、さらには大スクリーンに映し出された月世界にいん石が衝突すると客席も映像に連動して振動する、月世界探検館といった、今でいう映像体感型アトラクションもあった。

特に、閉園のその日まで横浜ドリームランドのシンボルであり続けたワンダーホイールは、ゴンドラ自体が大きく可動する（定位置に設置されたゴンドラがその場でゆらゆら揺れるのではなく、ゴンドラそのものが移動するのである！）という、当時としては観覧車の予想をくつがえすシロモノで、「疲れたから、のんびり観覧車にでも乗って園内を眺めよう」と、お気楽な気持ちで乗った親子に時ならぬ悲鳴をあげさせることにもなった（動かないように固定されたゴンドラもあった）。

広々とした園内はとても歩いては回り切れないため、機関車型の50人乗りの外周列車が汽

土地売却により，開園まもなく姿を消した『冒険の国巡航船』。（写真提供：吉井健三氏。『夢の国ドリームランド』より）

笛を鳴らしながら約2キロの道のりを走り、「スポーツランド」から「子供の国」まではゴンドラにナショナル坊やの絵が描かれたロープウェイ（距離約450メートル）がかかっていた。

そのうえ、ヘリコプターによる遊覧飛行まで行われていたというのだから、横浜ドリームランドの規模がいかほどのものであったか、想像がつくというものだろう。

さらに興味深いことは、そうした遊戯施設がただスリルや面白さといった「遊び」の要素だけに特化したものではなく、そのほとんどが「教育的視点」からも造られていたということだ。

閉園時まで残った数少ない人気施設，潜水艦。レールに乗った潜水艦が進路に従って進むライド型のアトラクションだったが，潜水艦の窓からはあたかも深海に潜っているような海底世界を覗くことができた。（写真提供：吉井健三氏。『夢の国　ドリームランド』より）

たとえば、恐竜が出現する「冒険の国」では、約2億年前の地球を再現し、燃え上がる火山やネアンデルタール人などの人形も配置して地球の歴史を目で見て楽しめるようにした。

「スポーツランド」において絶大な人気を博した潜水艦は、海底の様々な生物を見せ、「子供の国」には世界のミニチュア都市が飾られていた。月世界探検館なども宇宙時代の到来に向けて造られたものであったし、砂漠地帯で初めてラクダに乗った子どもは、ラクダが膝を地面について座った形で人を乗せること、立ち上がるときに大きく揺れること、決して乗り心地のいいものではないことを身をもって体験した。

6歳の時に横浜ドリームランドで初めてラクダに乗ったという横浜市在住のS子さん（46歳）は「あの時の新鮮な驚きは忘れられませんね。ですから成長してシルクロードを知った時に、あんな乗り心地の悪いラクダの背に揺られて旅をしたキャラバン隊の苦労は大変なものだっただろうなぁとつくづく思いました。でもそう思うことができたのも、あの時、横浜ドリームランドで本物のラクダに乗った経験があるからこそなんですよね」という。

まさにうたい文句通り、横浜ドリームランドは「世界一の教育観光遊園地」だったのである。

豪華ホテル併設で「遊んで泊まる！」の先駆けに

と、ここまでは主に横浜ドリームランドの遊戯施設部分について語ってきたが、実は、横浜ドリームランドには、他の遊園地とは一線を画するもう1つの大きな特徴があった。

それは、ホテルを併設したことだった。

もちろん、それまでにも宿泊施設が併設された遊園地はあった。だが、それらはそこにももともと「温泉地」があり、後から遊戯施設を付け加えた「後付型遊園地」である。

横浜ドリームランドのあった戸塚区俣野町には温泉などない。

まさに遊園地に来る客のみを相手にした、それも超高級ホテルを併設するなどという考えは、それまでの日本ではほとんど例を見ないものだったのである。

その超高級ホテルこそが、現在でも横浜ドリームランド跡地に残るホテルエンパイアだ（ちなみに建築段階では「ホテルドリーム」と名付けられていた）。

その一種独特のデザインから、五重塔型ホテル（もっとも、五重塔などという知識のない子どもたちは、もっぱら、その形状からムカデホテルと呼んでいたが）と呼ばれ、長く横浜ドリームランドのシンボルとなったホテルエンパイアの開業は、横浜ドリームランド開園の翌1965年（昭和40年）。21世紀を象徴した21階建て・高さ90メートルというこのホテルは、当時、日本一の最高層ホテルだった。

料金は、全室次の間付きのスイートタイプで1泊1万円。大卒の国家公務員の初任給が2万1、600円の時代である。1泊1万円は庶民にはとても手の届かないホテルだった。

横浜ドリームランドいわく、「桃山時代の建築様式を取り入れた多層塔型ホテル」の内部は、ぼんぼりにふすま張りという純和風のしつらえにベッドが置かれているといった和洋折衷型で、すべて西欧風に造られた帝国ホテルなどに比べ、それだけでもかなり斬新なアイディアであったともいえる。

21階は、前年、ホテルニューオータニに設置されて話題を呼んだ回転レストラン方式を取り入れ、360度の大パノラマからは江の島や富士山は当然のことながら伊豆大島までが見えたという。

面白いのは、当初から横浜ドリームランド側が、「すべての観光客がこのホテルエンパイアに泊まれるだけの金を持っている」とは考えていなかった点だ。

その証拠に、横浜ドリームランドでは開園と同時に、バストイレつきの部屋でも1泊2食つきで1,500円という至って庶民向けの「横浜夢のホテル」を遊園地に隣接して開業している。このホテルはもっぱら修学旅行生などを相手にしたものだったらしいが、「ホテルエンパイアにお泊まりになれない方はこちらにどうぞ」というわけで、至れり尽くせりとしかいいようがない。

このホテルを中心にした一帯は「ドリーム文化公園」と呼ばれ、内外の偉人をロウ人形で飾った世界歴史博物館や世界の酒が楽しめるサパークラブ、テニスコート、アイススケート場やプールが設置されていた。

モノレール敷設は失敗

「夢の国」から夢が消えていく

だが、いかにホテルや遊園地が立派でも、当時の横浜市戸塚区俣野町は交通の便がいいとは決していえなかった。

五重塔型ホテルとして横浜ドリームランドのシンボルだったホテルエンパイア。（2004年（平成16年）11月撮影）

そこで、1966年（昭和41年）5月2日、かねてからの構想通り、大船駅と横浜ドリームランドを結ぶ跨座式モノレール大船線が開通する。大船駅から横浜ドリームランド駅間約5・3キロを時速60キロ、8分で運行するという画期的な交通手段で、のちのち地域住民の足ともなり得るこの日本の技術だけで造られた日本初の純国産モノレールは横浜市民の注目を集めた。開業したのは、日本ドリーム観光株式会社の子会社として設立された株式会社ドリーム交通である。

ところが、このモノレールが大ブレーキとなった。よりによって開通のその日に、客を乗せたまま、運行途中で立ち往生してしまうというアクシデントが起こったのである。原因は重量オーバーであったというから、あまりにも情けない。

そのときに乗り合わせたある客は、「レールが山に沿って造られたせいか、急カーブの連続で、モノレールは車体にかかる木の枝を薙ぎ払うように走っていた。あまりのスピードに子ども心にも『怖いなぁ』と思っていたら、いきなりガクンと停まってしまい、再び動き出すまでの間、隣りに座っていた母親が小さな声で『しまったわぁ、お父さんにあれほど初運転のものにはどんなアクシデントが起こるかわからないんだから、絶対に乗るなって言われていたのに。困ったわぁ』と言い続けていたのを覚えている」と言う。

その後、軌道を支えるコンクリートにも亀裂が見つかり、このモノレール大船線はたった1年半走っただけで、東京運輸支局から運行休止勧告を受け、1967年（昭和42年）9月27日をもって運行とりやめとなってしまう。

このモノレール大船線開業と同年の1966年（昭和41年）4月には、向ヶ丘遊園と小田急向ヶ丘遊園駅を結ぶモノレール線が開通しており、こちらは地形的条件が違うとはいえまったく問題なく稼働していたのだから、株式会社ドリーム交通がモノレールの設計元を訴えたのは当然のことだろう。

開園3年目を迎え、今後、さらに入場者の増加を狙っていた横浜ドリームランドにとって、このモノレールの失敗は大きな痛手となった。

というのも、大船駅西口から横浜ドリームランドに向かう道は片側一車線のお世辞にも広いとはいえない道で、しかもそれが曲がりくねっている。２００４年（平成16年）10月現在でもその道路事情は変わらず、バスに乗ってドリームランド方面に向かうとわずか17分弱という時間ながら、車に弱い人間なら酔ってしまいそうな道のりなのだ。

ここに平日でも７、０００人、休日ともなれば3万人を越す客が車やバスで詰めかける。渋滞のひどさは想像を絶するものとなる。むしろ、東京方面から第三京浜を使ってマイカーで来た方が早かったという人さえいる。しかし、当時、マイカーでの利用客は約30％といわれ、決して率として高いとはいえない。道路が客をさばいてくれないことには、入場者の数も一定以上は増えることができないのである。

年間１６０万人以上という入場者を誇っても、もともとが２００億円という巨額を投じて建設された横浜ドリームランドである。

しかも、料金は入場料つき周遊券を使えば大人８００円、子ども５００円という安さだった。入場者が増えないことにはどうにもならない。

結果、横浜ドリームランドは事実上、赤字経営となり、開園して6年目の１９７０年（昭和45年）には広大な敷地の約４分の1を売却することになる。

この売却地が現在でも約2、３００世帯が生活する高層マンション街ドリームハイツに生まれ変わるのである。

この売却により、横浜ドリームランドは目玉商品の1つでもあり、建造費に約30億円をかけた『冒険の国』を失うことになる。

しかも、この売却に先がけて、1967年（昭和42年）には、開園3年目にして早くも大噴水を取り壊し、冬季にはアイススケート場となるレインボープールに改築する。

人々の目をみはらせた「夢の国　ドリームランド」は、この後、急速に姿を変えていくことになるのである。

まず、1972年（昭和47年）には文化公園内にパチンコ施設『パチンコデール』が作られる。1974年（昭和49年）にはドリームハイツの住民をあてこんだ『ドリーム銀座』なる商店街も登場する。

小児科や歯医者、クリーニング店まであった『ドリーム銀座』やパチンコ施設は、まさに生活臭漂う現実世界であり、そこはすでに「夢の国」とは呼べない空間となっていた。

一方、遊戯施設も、1971年（昭和46年）、国内初の本格派アドベンチャーアトラクションだった「大海賊」を導入するも入場者は減少の一途をたどり、起死回生策として、1979年（昭和54年）3月21日に、宙返り型のジェットコースター、シャトルループを日本で最初に導入する。初めて体験するスリルとスピードは入場者の人気を呼んだが、それは逆にいえば、「教育観光遊園地」から「単なる遊園地」への変貌を早めたにすぎなかった。

そして、1980年（昭和55年）には、何よりも人々の目を奪い、感動を与え続けてきた4、200平方メートルの「宮廷庭園」がついに姿を消す。

花畑は手間やコストがかかるだけで収入を産まないからだ。

開園時の華やかさ、美しさを知っている人々にとって、この「宮廷庭園」の消滅は、イコール「夢の国　横浜ドリームランド」の終焉とも感じられたのである。

前出の吉井さんもいう。

「開園時のドリームランドは敷地を、それは贅沢に使っていました。宮廷庭園もさることながら、遊戯施設を設置する間隔も広くしていました。他の遊園地のようなせせこましさはまったくなかった。あの空間を贅沢に使うという感覚があったればこそ、お客さまに日常生活とはかけ離れた『夢の国』というイメージを与えられたのだと思います」

遊園地から憩いの地へ
ドリームランドが残していったもの

こうして、横浜ドリームランドが、「夢の国」から遊戯施設を詰め込んだ「遊園地」へと変貌した3年後の1983年（昭和58年）、皮肉にも東京ディズニーランドが開園したことで横浜ドリームランドは壊滅的な打撃を受ける。東京ディズニーランドには、横浜ドリームランドが手放した「贅沢な空間」がふんだんにあった。

そうした中、翌1984年（昭和59年）1月1日、横浜ドリームランドを牽引してきた松尾國三その人が還らぬ人となる。84歳の生涯だった。

以降、横浜ドリームランドは、まるでレールが敷かれたように滅亡への道をたどっていく。松尾の死後、松尾一族と経営陣の対立による経営権争奪合戦が勃発したのである。

本体が経営権争いをしているようでは夢の国は作れない。

やがて、経営権争奪合戦にも決着がついた1988年（昭和63年）7月、松尾の死後から松尾一族を支えてきた松尾の盟友、ダイエーの中内功が、横浜ドリームランドごと日本ドリーム観光株式会社を松尾一族から肩代わりするという形で経営を引き受ける。しかし、今度はそのダイエーが経営不振に陥ってしまうのである。

時代の流れは止めることはできなかった。

2002年（平成14年）2月17日、横浜ドリームランドは惜しまれつつも閉園した。ピーク時には年間160万人の来園者があったが、最終的には年間70万人にまで落ち込んでいたという。

だが、ここで、松尾國三の抱いた思いが終わったわけではない。

横浜ドリームランド跡地は中古車オークションを手がけるＵＳＳに約88億円で売却されるが、地元住民の猛反対に遭い、闘争の末、遊戯施設のあった地域は横浜市が約１０４億円で買い取り、市民公園となることが決定した。

また、ホテルエンパイアを中心とした文化公園一帯は、ボウリング場のドリームボウルをはじめ、テニス場、ゴルフ場、フットサルコートなどを有する横浜ドリームスポーツプラザとなっていたが、福岡市にある学校法人都築第一学園が6年制の横浜薬科大学を２００６年（平成18年）４月に開校。ホテルエンパイアはその図書館として、また大学のシンボルとして、正門正面にそびえたっている。奇しくも、横浜ドリームランドは半分が市民の憩いの場となり、そして半分が勉学の場となったのである。いい換えれば、松尾國三がこの地を開拓し、横浜ドリームランドを建設したからこそ、この２つが並び立つことができたのである。

自分が開拓した土地が、学校となり、公園となる。向学心に燃えた若者たちが教科書を片手に、市民公園で夢を語る。そのとき初めて、松尾が育英会と横浜ドリームランドに込めた思いが、完全に集結するように思えてならない。

また、横浜ドリームランドにあった遊具は多くが東南アジアや中近東の遊園地に運ばれて活躍中だという。

子どもたちに夢を、という松尾の願いは、世界にも場を移し、花開いているのである。

第2章　花時計の夢の国　～向ヶ丘遊園

2002年（平成14年）3月、「向ヶ丘遊園閉園」のニュースが流れた時、誰もが、「ああ、ついにあそこもか」という思いにとらわれた。

2001年（平成13年）から2002年（平成14年）にかけて、五島プラネタリウム、行川アイランド、東京マリン、横浜ドリームランドと、長い歴史を持つ観光施設が次々と閉園し、ワイルドブルー横浜、富士ガリバー王国といった1990年代に登場したテーマパークも「不況」という名のもと、あれよあれよという間に消えていった。

日本の経済は、もうダメなのかもしれない、大型レジャー施設はごく一部を除いて、立ちゆけない時代になった…そんな思いにとどめを刺したのが、『向ヶ丘遊園』の閉園だった。

いい換えれば、横浜ドリームランドあたりまでは、「古いし、仕方ないのかもしれないな」と思えていたのが、『向ヶ丘遊園』に至って、バブル崩壊後の長引く不況を、皆、改めて実感したのである。

小田急線・新宿〜小田原間の全面開通と同時に開園
遊園地というより花の公園として親しまれる

『向ヶ丘遊園』の歴史は長い。開園は、1927年（昭和2年）4月1日。年号こそ昭和になってからだが、大正期に設立された玉川第二遊園地（のちの二子玉川園）が61年間、多摩川園が54年間で閉園したのに対し、『向ヶ丘遊園』の営業期間は実に75年間。

東京、および、東京近郊で、2002年（平成14年）までに閉園した遊園地の中では、一番長い歴史を持つ（ちなみに営業期間最長記録を更新しているのは、1853年（嘉永6年）創立の、ご存じ『浅草花やしき』）。

開園当初の経営母体は小田原急行鉄道株式会社（現：小田急電鉄株式会社）。それまでの多くの鉄道系遊園地が、路線開通の後に造られているのに対し、『向ヶ丘遊園』は、小田急線の、新宿〜小田原間の全線一気開通と同時に開園した。

実は、この完成予定区間の全線一気開通というのも、画期的なことだった。先発の多くの鉄道会社は、まず短い路線区から営業を始め、徐々に路線を伸ばしていったからである。

小田原急行鉄道株式会社の創立者、利光鶴松の職歴は、小学校の教員から始まり、23歳で弁護士に。続いて東京市会議員、衆議院議員となった後、鉄道業界に身を投じた。

スタート地点こそ、鉄道業界の変わり種だが、彼が小田原急行鉄道株式会社を設立するまでに関わった鉄道は、東京市街鉄道（現：東京都交通局）、京成電車（現：京成電鉄株式会社）、東京高速鉄道（現：東京地下鉄株式会社（東京メトロ）銀座線渋谷〜新橋）と数多く、京成電車では会長も務めている。

いわば鉄道業界のエキスパートともいえる利光は、自らの小田原急行鉄道株式会社での最初の路線である小田急線を計画する際、それまでの経験を活かし、入念なプランを立てたのではないだろうか。それは、沿線における不動産開発、旅客誘致策として欠かせない遊園地の設置、主要駅駅舎の統一デザイン——。

いってみれば、一大テーマパークをドン！ と造って完成披露するように、1927年（昭和2年）4月1日開業に向かって小田急線を造り上げたのである。

興味深いのは、小田原急行鉄道株式会社では、『向ヶ丘遊園』に続く第2弾として、現在の座間駅の東側に『座間遊園地』の建設も計画していたことだ。しかし、こちらは1930年（昭和5年）の昭和大恐慌のあおりを受けて、実現には至らなかった。

それはさておき、開園当初の『向ヶ丘遊園』は、入園料も無料で、むしろ公園に近いものだったという。敷地となったのは、隣接する枡形山に連なる丘稜地、約22万8千平方メートルで、赤松、ナラ、クヌギなどが生い茂り、『向ヶ丘遊園』は、この自然を最大限に活かしたまま、さらに1万本の桜やかえでが植えられ、つつじ苑なども配された。『向ヶ丘遊園』といえば、ばら苑や花の大階段など、まさに「花のテーマパーク」だったが、開園当初から、この「花」には重点を置いていたのである。

園内の遊具は、ブランコや砂場、シーソーといった可愛らしいものであったが、開園の2カ月後には、稲田登戸駅（現・向ヶ丘遊園駅）から遊園地正門前までの約1キロをガソリンエンジンで走る機関車型7両編成の豆汽車が開通する。これが話題を呼び、子供たちが集まった。園内には、あずまや、水飲み場、トイレなどのほか、120畳の無料休憩所もあり、地元有志による茶店や売店なども出店された。そうした店の人々は遊園内に住み込みで働いていたようだ。

この豆汽車以降、戦前までの記録は、現在、小田急電鉄株式会社の広報部にも資料がなく、詳細は不明だが、「向ヶ丘遊園の緑を守り、市民いこいの場を求める会」が発行している『向ヶ丘遊園の思い出集　わたしの向ヶ丘遊園』や『NOBORITO.NET（http://www.noborito.net/）』によると、開園して数年の間に運動場や音楽堂、野外ステージ、ローラースケート場などができ、数匹の猿がいる猿小屋もあったらしい。面白いのは、丘稜を利用した「土器《かわらけ》投げ」で、これは素焼きの小さな皿に願いごとを書いて、谷に向かって投げ、飛距離を競うという遊びで、京都神護寺の「かわらけ投げ」に倣ったものと思われる。

また、異色なところでは、開園翌年に、「日本俳優学校」が開校している。

これは、坪内逍遥の「文芸協会」にも参加した、俳優の水口薇陽《みなぐちびよう》が1923年（大正12年）に京都で設立した「日本映画俳優学校」を遊園敷地内に移転したもので、上原謙、佐野周二、佐分利信らを輩出したという。


だが、梅や桃なども植えられ、子どもたちの遠足や四季折々の花見客で賑わった『向ヶ丘遊園』も、1941年（昭和16年）から始まった太平洋戦争の影響を受け、戦時中は近衛騎兵連隊の駐屯地とされ、豆汽車のレールも金属供出でなくなってしまった。

小田原急行鉄道株式会社も、1941年（昭和16年）3月1日に小田急電鉄株式会社と社名変更をした後、1942年（昭和17年）5月1日には京浜電気鉄道株式会社とともに東京横浜電鉄株式会社と合併し、それらがまとまって、東京急行電鉄株式会社となった。

戦後、荒れ果てた状態で軍から返還された『向ヶ丘遊園』が、本格的な整備に着手するのは、1948年（昭和23年）6月1日に、小田急電鉄が東京急行電鉄株式会社から分離・独立をしてからのことである。

戦後は大型遊戯施設もそろえて、有料遊園地へ

復興は、野球場の拡張や運動場の整備から始まった。

待望の豆汽車が、蓄電池式の豆電車として復活するのは、1950年（昭和25年）3月25日のことで、以降、『向ヶ丘遊園』は、急速に新遊園地としての基礎を固めていく。

1951年（昭和26年）7月28日には、正門から園内の中央までをつなぐ空中ケーブルカーを架設、遊具も、戦前のシーソーやブランコといった類ではなく、飛行塔や回転ボート、豆自動車、スリラーカー、ビックリハウスなど大型の有料遊戯施設が導入された。

そしていよいよ、1952年（昭和27年）4月1日、『向ヶ丘遊園』は、有料の遊園地として新しい時代に向かって走り出すのである。

注目すべきは、それまでは「山番」と呼ばれる管理人を1人だけ置いていたのに対し、遊園スタッフとして運営をまかなえるだけの数の社員を配置したことと、責任者として「園長」が誕生したことだ。つまり、それまでは、『向ヶ丘遊園』には園長がいなかった。それだけ、自然公園の色合いが濃かったのだろう。

入園料は大人10円、子どもが5円。戦前からの遊園地のほとんどが、まだ再開していない中、大型の遊戯施設のほか、動物園や幌馬車まであった『向ヶ丘遊園』には、有料化の影響はまるでなく、数多くの人々が押し寄せた。

子どもたちにとっては、お楽しみは駅に着いたときから始まっている。マンサード式と呼ばれるオシャレで可愛い中折れ屋根の稲田登戸駅に着くと、目の前には「トロッコ」という愛称で呼ばれた豆電車が待ち構えている。これは遊園地内でちまちま走る豆電車とは違い、図体こそ小さいものの、街の道路を1キロ以上も走ってくれる本格的な路面電車だ。車掌さんだって乗っていて、外側のステップをカニ歩きしながら、ちゃんとキップにパンチを入れてくれる。わくわくしながら乗り込んで、キリンの門に到着すると、今度は山を登る空中ケーブルカーが待っている。

そして忘れてはならないのが有料化開園に伴い設置された「ウォーターシュート」だ。海抜150メートルの亀の子山の山頂から、レールに乗って45度の傾斜を20人乗りのボートが真下の池に向かって、勢いよく滑り落ちる。それだけならば何ということもなかったが、ボートの先端にはスタントマンが立ったまま乗り込んでいて、水しぶきをあげての着水と同時に見事なジャンプを見せてくれる。しかも、飛んだと思ったら、同じ先端にスタッと着地までするのである。まだ仮面ライダーもゴレンジャーもいなかった時代、このスタントマンは、まぎれもなく子どもたちの憧れのヒーローだった。

ビックリハウスや飛行塔には他の遊園地でも出逢えたが、『向ヶ丘遊園』には豆電車、空中ケーブルカー、ウォーターシュートと、他の遊園地にはないスペシャルが3つもそろっていた。ほかの遊園地が開園した後もリピーターが多かったのも当然だろう。ちなみに豆電車は大人20円、子ども10円、空中ケーブルカーは大人30円、子どもが15円だった。

オランジェリーからばら苑まで。世界の花が集まる庭園誕生

キャッチフレーズは「花と緑の向ヶ丘遊園」

そんな『向ヶ丘遊園』に、小田急線開業30周年記念事業として、ばら苑がオープンしたのは1958年（昭和33年）5月23日のことだ。

その頃、『向ヶ丘遊園』では、遊戯施設のほかに、その後の遊園の最大の特色となる庭園造りを始めていた。キャッチフレーズは「花と緑の向ヶ丘遊園」。

1955年（昭和30年）には、まず、つつじ苑の北側に観賞用温室オランジェリーを建設、さらに世界の庭園も新設した。メルヘンランドとして人気の高かったポルトガル庭園にはピノキオやピーターパン、おやゆび姫や白雪姫など童話の世界の主人公たちが数多く飾られ、子どもたちの格好の遊び場となった。

また、園の一番奥まった場所にはボート池を造り、その端にはあやめを栽培した。

ばら苑は、そうした庭園造りの集大成ともいえるもので、敷地面積は野球場を転用した約1万6、500平方メートル。バラ研究家の岡本勘治郎や新宿御苑の福羽発三苑長の指導を仰

小田急線開業30周年記念事業として計画され，1958年（昭和33年）５月23日にオープンした「ばら苑」。その後，1,000種２万株のバラが咲き誇る東洋有数のバラの園に成長。閉園後も「生田緑地ばら苑」として川崎市に移管され，毎年，春と秋のシーズンに人々の目を楽しませている。この写真の撮影時期は不明。（写真提供：小田急電鉄株式会社）

ぎ、最新品種の四季咲大輪種花壇や四季咲房咲種の郡種花壇などが造られた。

苑内は、原生種のオールドローズからモダンローズまでがあまねく顔をそろえ、関東一のばら苑として大きな話題を呼んだ。その後も古代バラなど種類を増やし、1、000種2万株のバラが咲き誇る東洋有数のバラの園となった。園内にはほかにも、しゃくなげ苑やスイセンの丘なども順次造られ、「花の咲いていない時期はない」遊園地となっていくのである。

だが、『向ヶ丘遊園』を「花のテーマパーク」と印象づけたのは何といっても、園内の入口から山の斜面にかけて造られた「花の大階段」だろう。

園の外からも見えたこの階段の中腹には、色とりどりの花が文字盤となった大きな『花時計』が置かれ、その美しさには遊園を訪れたすべての客が歓声を挙げた。

1959年（昭和34年）から1970年（昭和45年）まで、向ヶ丘遊園駅のすぐそばに住んでいたというKさん（49歳）は、ロマンスカーとこの花時計が自分のことのように自慢だったという。

「昭和30年代から40年代にかけては、まだ向ヶ丘遊園駅の周辺は、全部、田んぼでした。青々とした一面の稲穂の上を、遠くからザァッと風が渡ってくる様は、大人になってから観た『となりのトトロ』の猫バスが走ってくる光景そのままで、夏になればカエルが大合唱していました。田んぼの中に立って、風に吹かれていると、山に沿ってロマンスカーが軽やかに警笛音を鳴らしながら走ってきて、その警笛音を聞くたびに嬉しくなって、いつもロマンスカーに手を振っていました。向ヶ丘遊園までは歩いてもほんの少しで、しょっちゅう、母にせがんでは連れて行ってもらいましたが、ケーブルカーの時代もリフトの時代も花時計を間近に見たくて、必ず、歩いて階段を上りました。親戚の子が遊びに来たりすると、まず、ロマンスカーを見せて、それから花時計を見せに行って『凄いでしょ、凄いでしょ』って自慢しまくっていましたね。昭和30年代後半からは『フラワーショー』も開催されて、世界の花が観られるというので、喜んで行った覚えがあります」

Kさんのいう「フラワーショー」とは、1963年（昭和38年）3月20日から始まった花のフェスティバルのことだ。1963年（昭和38年）といえば、東京オリンピックが目前である。日本中がこの世紀のイベントに湧いていた。『向ヶ丘遊園』では、世界各国の選手が集うオリンピックにちなみ、世界の国花を取り寄せるイベントを考案、日本各地からも県花を集め、朝日新聞社と協同で、「日本の花・世界の花」展を開催した。

日本の県花を集めるために、各県に東京都知事のメッセージと桜の苗木を届け、代わりに各道府県知事のサインと県花の苗木をもらうという、花の親善使節団による全国キャラバンの実施や、1912年（明治45年）に日本からワシントンに贈られた桜の苗木が、この第1回フラワーショーに合わせて2本、里帰りし、花の大階段のうえに植えられるなど、エピソードに事欠かないイベントだった。

昭和30年代のトピックスでは、そば処「松鶴庵」も忘れてはならないだろう。もとは、東京都下五日市町で代々庄屋を務めた旧家の建物で、五日市町は、利光鶴松が大分県から上京し、小学校の教員をしていた頃の思い出の地であったことから、1956年（昭和31年）4月に、園内に移築された。

木造茅葺きの平屋建てで建坪が約95坪。春には満開の桜に包まれた。

180年前に建てられた古民家は、歴史的価値も非常に高かったという。

1963年（昭和38年）３月20日。「第１回フラワーショー」のオープニングセレモニー。新装なった「花の大階段」に宝塚歌劇団の生徒が勢ぞろいして華を添えた。花時計の本体はセイコー社製。（写真提供：小田急電鉄株式会社）

しかし、ここで是非触れておきたいのは、１９５９年（昭和34年）、ばら苑開園の翌年に建立された「ありんこ供養塔」についてだ。

これは入園者にアリが踏みつぶされてしまうのを悼んで建立されたもので、楕円形の自然石に、ちゃんと「ありんこ供養塔」という文字が刻まれていた。

誰が発案したのかは不明だが、この小さな「ありんこ供養塔」に「花と緑の向ヶ丘遊園」の「自然」に対する向き合い方が表されているような気がしてならない。

豆電車からモノレール、そして日本最長の屋外型エスカレーター
次々と新しい乗り物で人々を魅了

昭和40年代に入ると、『向ヶ丘遊園』はさらに新時代を迎える。豆電車に代わって、モノレールが登場するのだ。豆汽車から数えると、38年間の歴史を持つ豆電車も、向ヶ丘遊園駅周辺の交通量の増加には勝てなかった。桜並木の桜のトンネルの下、路面電車である豆電車が、トコトコと走っていられる時代ではなくなってしまったのだ。存続を願う声も多かったが、豆電車は1965年（昭和40年）の秋に廃止された。

モノレールは、その約半年後の1966年（昭和41年）4月23日に開通する。路面線がなくなることは、古くから遊園を知る者には寂しいことだったが、地上から平均7メートルの高さを走る跨座式モノレールの登場は、スマートでスピードもあり、瞬く間に子どもたちのハートをとらえた。

翌年の1967年（昭和42年）末には、空中ケーブルカーが撤去された。

こちらは老朽化のためで、その代わりに、1968年（昭和43年）3月15日からは、全長123メートルのフラワーリフトが設置された。

これはいわゆるスキー場などの1人乗りリフトと同じもので、ゴンドラに覆われなくなった分、スリル感もあり、子どもたちには大人気となった。ただ、むき出しであるために、親

が不安がり、乗ることを許されない子供も多かった。

しかし、このフラワーリフトも、１９８７年（昭和62年）２月５日に屋外型としては日本最長47メートルのエスカレーターが完成し、その役割を終えることになる。

『向ヶ丘遊園』では、エスカレーター完成の年の同年３月に「蘭・世界大博覧会」の開催を予定していた。「蘭・世界大博覧会」は、東京で開催されることになった「蘭・第12回世界会議」の展示部門であり、この「蘭・世界会議」は世界各地で３年に１回開かれる、大規模なイベントだった。日本での開催は初めてのことでもあり、多くの入園者が押しかけることは間違いなく、遊園としても、搬送能力の大きい輸送設備が必要となったのだ。結果をいえば、この交代劇は大成功を収めた。リフトには怖くて乗ることができなかった大人たちは、このエスカレーターができるまで、２１７段の大階段を歩いてのぼらなければならず、実のところ、悲鳴をあげていたのである。


施設リニューアルを重ねても時代の波には勝てず…

２００２年（平成14年）３月31日閉園

昭和50年代では、１９７６年（昭和51年）９月に新設され、当時、日本一の眺望といわれた大観覧車が一番のニュースだろう。

1966年（昭和41年），開通直後のモノレール。大階段から正門に向かって撮られた1枚。園内は，入園者で溢れ返っている。2両編成，定員240名，ロッキード社製の跨座式モノレールは約3分で，小田急線向ヶ丘遊園駅から園正門まで到着した。モノレールのデザインはロマンスカーにそっくりだ。（写真提供：小田急電鉄株式会社）

この大観覧車は、国内の亀の子山の上に建てられた。観覧車自体の高さは50メートルだったが、亀の子山自体が海抜150メートルの高さがある。つまり、合計すれば最高点では、海抜200メートルとなるわけで、これはかなりの話題を呼んだ。

この後も、『向ヶ丘遊園』は、鉄道資料館を新設し、遊戯施設もいわゆる絶叫マシン系を導入するなど施設リニューアルを重ねていくが、「蘭・世界大博覧会」が開催された1987年（昭和62年）の約116万人という年間入園者数をピークに、次第に客足は遠のいていった。「花と緑」という部分では、『向ヶ丘遊園』は、大人に愛され続けたが、若者や子どもたちの関心は、次々と登場するレジャーランドや、テレビゲームに向いてしまっていた。

せっかく、大人には人気の「花と緑」が溢れていたのだから、来るべき高齢化社会に向けて、いっそのこと「シニア向けテーマパーク」という考え方もできたのではないかと思うが、これは部外者の無責任な感想だろう。

一方で、経営母体である小田急電鉄株式会社も、小田急線複々線化工事に多額の投資を必要としていた。バリアフリー化を目指しての駅構内へのエレベーター設置なども急を要するサービスであり、そうした工事にもまた、費用が必要となる。

『向ヶ丘遊園』の閉園は、小田急電鉄株式会社にしても苦渋の選択だったのである。

『向ヶ丘遊園』は、2002年（平成14年）3月31日をもって、閉園した。

3月3日（日）~3月31日（日）までは「さよならイベント」として「花とバルーンアートの世界」や「洋ラン展」、遊園の歴史を振り返る「歴史館」などが開催され、最後の1週間は、「グッバイ6デイズスペシャル」として、入園料半額サービスを行った。

年間入園者数はピーク時の半分であったが、最終日の3月31日には、約2万人が来園し、別れを惜しんだという。

気になるのは、閉園後の跡地だが、緑地保存の観点と、ばら苑存続を願う市民の声に応じて、ばら苑一帯は「生田緑地ばら苑」として川崎市に移管され、毎年、春と秋のシーズンには、多くの市民が訪れる場となった。

また、2011年9月3日には入場ゲートのあった辺りに、藤子・F・不二雄ミュージアムが開館。多くの人々が訪れているが、最盛期、シンボルだった花の大階段は手入れもされず、草木に覆われ、花時計も雑草に隠れてしまっている。残りの跡地も、「環境共生」をキーワードに掲げた小田急電鉄が川崎市と協議を進めてきた結果、2004年（平成16年）11月24日、約29ヘクタールの内、21ヘクタール分において、残存緑地を極力残すという方針で基本合意がなされたが、2016年2月現在も手つかずで、そのまま。

残りの約7ヘクタールは事業ゾーンとなったが、ここはもともと、遊戯施設が集中して置かれていたプレイランドで、新聞報道によると小田急電鉄では、「花と緑にふさわしい事業計画を練っていく」ということだが、なかなか事業としては難しいらしい。いずれにせよ、憧れの花の国が朽ちたまま、野ざらしになっている姿はあまりにも悲しい。

第3章　田園コロシアムの勇姿とともに　～多摩川園

田園調布といえば、いわずと知れた日本を代表する高級住宅地である。

その昔、この田園調布から歩いて行かれる距離に、丘の緑に抱かれた小さな遊園地があった。駅を降りると、すぐ目の前に西洋の城壁のようなゲートがあり、それをくぐると飛行塔やメリーゴーランド、ビックリハウスやミラーハウスが並び、夏になると、一番奥まったところには、お化け屋敷が出現した。

東急東横線、目蒲線沿線の住民にとっては、子供の頃、何度も足を運んだ心のふるさとのような遊園地。それが『多摩川園』だった。

しかし、『多摩川園』が存在した頃には不思議とも思わなかったが、なぜ、閑静な高級住宅地のすぐそばに子どもの歓声がこだまする遊園地があったのか、考えてみれば不思議である。だが実は『多摩川園』は、この田園調布があったからこそ誕生した遊園地だったのである。

きっかけは明治の都市計画、新興住宅地の開発から

きっかけは、1915年（大正4年）のある日のこと。

明治実業界の大御所、澁澤栄一の元に、東京府下荏原郡の地主たちがやってきた。彼らの目的は、新興住宅地としての荏原郡の開発についての相談だった。

当時、東京の人口は、産業の工業化に伴い、爆発的に増大していた。地方から東京を目指す人々が増え、東京市内だけでは住宅供給が間に合わず、地方出身者が隣接する荏原郡や豊島郡、豊多摩郡などに溢れ出ている状態だった。

だが、都市計画の基盤もなく、人口だけが増えていく町や村では、無秩序に家が建ち並び、防災面においても衛生面においても、大きな問題を抱えていた。

しかし、経済的に余裕のない町や村だけでは思い切った都市整備は行えない。そこで、荏原郡の地主たちは自分たちなりに考えた都市計画の実施を澁澤に持ちかけたのである。

澁澤栄一といえば、大蔵省官吏時代、株式会社制度を提唱し、その後、多くの大企業の設立にも関わった、いわば日本資本主義確立の立役者として知られているが、東京の都市整備計画にも多大な影響力を持っていた。東京市の西欧化を推進した中心人物でもあり、諸外国が行っていた都市計画などに深い興味を持っていたのである。

下荏原郡の地主たちの来訪は、当然、それを踏まえてのものだった。

彼らの目論見は、ずばり、的を射た。その頃、澁澤は、諸外国で取り組みが始まっていた「田園都市構想」に熱中していたのである。

「田園都市構想」とは、イギリスのジャーナリストで社会改革者のエベネザー・ハワードが1902年（明治35年）に刊行した『明日の田園都市』の中で提唱した、一言でいえば「都市と農村の融合」である。街の中心には公共施設を置き、その周囲に住宅地が広がり、そのまた周囲には学校や教会があり、それらをすべて取り囲むように美しい田園地帯が広がる、というもので、この「田園都市構想」の背景には、産業革命によって引き起こされた、ロンドンの急激な人口増加問題があった。

大正初期の東京は、遅れてきたロンドンである。何とかしなければならないという思いは、常に澁澤の中にあった。

しかも、その解決法は『明日の田園都市』に書いてある。後は実践するだけ……。

そこへ、地主たちの来訪である。

澁澤は、この会合の翌年、公共事業に余生を捧げるとして、実業界から引退し、田園都市作りに情熱を傾けていく。やがて、澁澤の説く「田園都市構想」に賛同者が集まり、不動産・鉄道・ガス・水道・道路整備などを事業の中心とした「田園都市株式会社」が1918

年（大正7年）9月2日に設立される。

中心となったのは、当時の実業家たちのハイソサエティーな集いの場であった「日本橋クラブ」の面々で、東京商業会議所第2代会頭で東京市会議長だった中野武営が初代社長に、取締役には服部時計店（現在・セイコー）の服部金太郎らが就任した。

もともと、地主から出た話でもあったため、用地買収は速やかに進み、1921年（大正10年）11月には多摩川台（田園調布）、大岡山、洗足など事業用地には充分な土地が確保できた。鉄道の方も、「素人集団では手も足も出ない」と判断した経営陣が、阪急電鉄の小林一三に相談、しかし、小林自身が超多忙でとても面倒をみられないという理由から、その小林の推挙で登場した五島慶太が腕を奮い、鉄道部門のみ切り離し、1922年（大正11年）9月2日に目黒蒲田電鉄株式会社を設立して、こちらも地域住民の足を確保すべく本格的に動き出した。

次は宅地造成だが、大岡山と洗足に関しては、地主と地元農家の人々と田園都市株式会社とで「田園都市耕地整理組合」を作り、三者共同で行った。そのため、造成は一気に進み、しかも、分譲地の支払い方法として、当時では画期的なローン方式を取り入れたため、1922年（大正11年）6月に売り出した分譲地は、鉄道の敷設も確実とあって、同社がターゲットとしていた中流家庭層にあっという間に売れてしまったのである。

一方、多摩川台（田園調布）地区だけは、田園都市株式会社が単独で事業を進めた。中心となって宅地造成プランに取り組んだのは、1919年（大正8年）1月から田園都市株式会社の支配人となっていた澁澤栄一の四男、澁澤秀雄だ。

澁澤秀雄は、支配人となってすぐの8月に、欧米へ宅地開発の視察に出かける。『明日の田園都市』の著者、ハワードが自ら造成した世界最初の田園都市、イギリスのレッチワースやアメリカの衛星都市などをその目で見ておきたかったのだろう。

9カ月間、11カ国を視察して帰国した秀雄は、自分が一番気に入ったサンフランシスコ郊外のセント・フランシス・ウッド住宅地を参考に、パリの凱旋門から放射線状に伸びるエトワール式の道路も視野に入れて、神宮外苑絵画館なども設計した建築家の矢部金太郎に図面を依頼、現在の田園調布を作り上げる。そうしてでき上がった田園調布の分譲地は、1923年（大正12年）8月に売り出された。

折しも販売開始直後、東京は関東大震災に見舞われる。

これが逆に追い風になった。密集した東京は災害に弱いと知った人々が、こぞって郊外へと逃げ出したのである。そのため、売り出し当初は出足の鈍かった田園調布分譲地も、あっという間に売り切れてしまったのである。

「田園都市構想」の締めくくりとして作られた遊園地『多摩川園』

1923年（大正12年）11月1日には目黒―蒲田間も全線開通し、いよいよ住人たちも移り住んで来る。人が集まれば、憩いの場も必要となる。

そこで考えられたのが、『多摩川園』の建設である。つまり、『多摩川園』は、「田園都市構想」の締めくくりとして造られた遊園地だったのだ。

かくして、1924年（大正13年）5月1日、目黒蒲田電鉄株式会社が資本金を出し、株式会社多摩川園が設立される。社長には五島慶太が、取締役には澁澤秀雄が就任した。

かねてから澁澤栄一の薫陶を受け、田園都市計画に深い関心を抱いていた五島は、鉄道部門で田園都市の実現に参画できたことがよほど嬉しかったのか、この『多摩川園』にも強い愛着を抱いており、1952年（昭和27年）10月2日に行われた東京急行電鉄30周年記念行事では、東京急行電鉄の定期利用客らに園内無料開放を実施している。

これなども、「新しい街」に率先して移り住んで来た、先駆者たる住民たちへの表敬の念を込めた返礼だろう。

「田園都市」にふさわしい洒落た建物やオブジェが並ぶ遊園地
湧き水利用で大浴場も…

さて、1925年（大正14年）12月23日、晴れやかに開園した『多摩川園』には、これまた「田園都市」の遊園地らしく、凝った造りの建物やオブジェが立ち並んだ。

西欧風の洒落たデザインの「夢のお城」、豪華な設備で専属の歌劇団もあった小劇場「小鳥座」、まるでガウディを思わせるような前衛的でカラフルな象のすべり台や魚のトンネル。設計したのは、田園調布の造成プランに腕を奮った矢部金太郎で、この人は田園調布のシンボルともいえる可愛らしい駅舎もデザインしている。

ただ、この遊園地は、置いてある建造物の名前だけ聞けば子ども向けのように感じるが、『東京急行電鉄50年史』によると、「夢のお城」の中には、今でいえばテナントとして料理屋が入り、敷地内の湧き水を有効利用してプールのような大浴場を造るなど、大人向きの娯楽慰安施設の色合いが濃いものだったという。

この大浴場は、大理石をふんだんに使った豪勢な造りだったが、実はこれには裏話がある。『多摩川園』に使われた土地は、買収したものの、湧き水が絶えず溢れ、田んぼにも住宅地にもならない湿地帯で、田園都市株式会社としても、持てあましていた場所だった。

だが、遊園地にすると決めた瞬間から、逆転の発想で、持てあまし者だった湧き水が、豪

1955年（昭和30年）の多摩川園正門。園内の背後に樹木広がる丘が見える。昭和10年代後半，雪が降ると，この丘でスキーができたという。（写真提供：東京急行電鉄株式会社）

華な入浴施設に化けたのである。しかも、これが一番の売り物になったというから世の中は何が幸いするかわからない。

入園料は、大人・子どもともに同額の30銭。沿線住民には好評で、開園当初こそ真冬ともあって出足が鈍ったが、暖かくなるに従い、入園者も増え、初年度で早くも配当が出たという。

１９２６年（大正15年）７月からは夜間営業も開始したが、これなどは勤め帰りのサラリーマンの大浴場利用を見越してのことだろう。

『田園コロシアム』と菊人形展の隠れた関係

ところで、『多摩川園』というと、菊

人形展が有名だったが、始まりは意外にも新しく、1935年（昭和10年）の秋からである。

それまでは、読売新聞社が両国国技館で毎年、開催していたのだが、その年に限って会場の都合がつかず、急遽、『多摩川園』に持ち込まれたのがきっかけというから面白い。

翌年の春にはつつじ人形展も開催され、春にはつつじ、秋には菊と、『多摩川園』の名物となった。

読売新聞社が『多摩川園』に菊人形展を持ち込んだのは、この頃、読売新聞社と目黒蒲田電鉄株式会社が「あるもの」を巡って親密な関係にあったからではないかと思われる。

そのあるものとは何かといえば、あの『田園コロシアム』である。

東急東横線の利用客にとって、『多摩川園』と『田園コロシアム』は、長い間、車窓から見えるお楽しみスポットの1つだった。いや、お楽しみスポットというと語弊があるかもしれない。「そこにあって当然のもの」といった方が正しい。

渋谷方面に向かう途中、可愛らしい遊園地を過ぎると、すぐに八角形の巨大で異様な建物が目に入る。

テニスなどというハイソなスポーツには縁もゆかりもなかった昭和30年代のフツーの家の

1962年（昭和37年）９月21日。多摩川園名物菊人形展。昭和50年代に入っても，菊人形の期間は15万人が訪れた。写真の出し物は「菅原伝授手習鑑 吉田社頭車引の場」。ほかにも「忠臣蔵」など歌舞伎の演目が選ばれることが多かった。（写真提供：東京急行電鉄株式会社）

子どもには、その建物が何をする場所なのかわからず、見てはいけないコワイもののような気がして、遊園地が過ぎると、一瞬、目を伏せて、その建物と目が合わないようにしたりした。

大体、『田園コロシアム』という名前がいけない。コロシアムというからには、何か殺し合う場所なのかと思いこみ、ますます怖くなって目をそらす。

だが、この勘違い、あながち間違いともいえない。コロシアムの元は「コロセウム」で、今でも残る古代ローマの遺跡「コロッセオ」では、その昔、剣闘士たちが、ある時はライオンと、ある時は剣闘士同士で血みどろの格闘を観客に見せた場所だった。やっぱりコロシアムは「殺し合う場所」じゃないかと、大人になってから、妙に納得した者もいた。

さらにいえば、『田園コロシアム』は、日本のテニスの聖地のはずなのだが、やはり名前がコロシアムだけあって、プロレス会場にも使われ、力道山はじめ多くのプロレスラーたちが血みどろの闘いを繰り広げた。そのため、プロレスの聖地とも呼ばれたりもしたが、しかし、『田園コロシアム』で、ケン・ローズウォールの優雅で華麗なフォームに魅了されたテニスファンにとっては、プロレスの聖地という言葉は、ちょっと悲しい気がした。

この『田園コロシアム』は、読売新聞社と目黒蒲田電鉄株式会社が共同出資して、株式会社多摩川園が所有していた田園グランドに設立された。

田園グランドは、畑を整備し、沿線住民のための貸しグランドとして使用されていたもので、1924年（大正13年）から1年間ほどは、慶応大学のホームグラウンドとしても使われていた。だが、貸しグランドは他の土地にも数多くあり、何も「田園都市」にあえて置く必要のないものだ。むしろ、ハイソな土地柄に合うスポーツは硬式テニスの方だった。

そこで1934年（昭和9年）11月3日に誕生した田園テニス倶楽部を皮切りに、田園グランドは、総面積4、300平方メートル、35段のスタンドを備え、観客2万人を収容できる本格アンツーカーコート（赤レンガの粉を使ったコート）を有する『田園コロシアム（当初の名称は田園読売庭球場）』に生まれ変わる。それが1936年（昭和11年）10月4日のことなので、菊人形展の1935年（昭和10年）には、両社の関係はかなり密になっていたと考えられるのだ。

大人の施設から、子どものための遊園地へ衣替え

一方、遊園地の方は、大浴場以外、目立った売り物もなかったせいで、次第に飽きられ、入園者で賑わうのは、このつつじ人形展や菊人形展の期間のみという状態に陥っていた。

そこで、本格的なテコ入れとして、『あらかわ遊園』で実績を作っていた東洋娯楽機製作所（のちの株式会社トーゴ）に、1940年（昭和15年）から運営を委託する（この委託は閉園まで続いた）。

園内には、象のメリーゴーランド、ロータリングチェア、サークリング・ウェーブ、豆汽車などが設置され、「夢のお城」の中にも鬼退治、射的、積み木落としといった室内遊具がそろい、それまでの大人の慰安施設から、子どものための遊園地としてガラリと衣替えが行われた。この時期の『多摩川園』の様子は、『わたしは浅草の夢売り人』（高井初恵著）や、

『日本の遊園地』（橋爪紳也著）に詳しい。

それらを参考にまとめてみると、『多摩川園』はこの大リニューアルで一気に入園者数を増やし、見事に赤字経営から黒字経営に転換する。

1942年（昭和17年）には東洋娯楽機製作所が自社で開発した「ビックリハウス（当初の名称は『飛行館』）」が登場、可愛い家の中に入って椅子に座ると室内の壁がグルリと回転して、まるで自分が逆さまになったような気分になる突飛なアイディアのこの施設は、戦後、『多摩川園』が再開した後も、長く子供たちに愛された。

昭和30年代、「ビックリハウス」が大好きで何度も入ったという川崎市のMさん（48歳）は、「ガチャン、ガチャンって音がして壁がガクンッとひっくり返るんです。私はそれが面白くて何度も入ったのですが、母親は『心理的にこわい。ジェットコースターの方がいい』といって2度と入ろうとはしませんでした」と「ビックリハウス」の思い出を語ってくれたが、登場当時も、大人の方が衝撃を強く受けたらしい。

「体が宙返りになった。こんな危ないものを商売にするとはけしからん」と怒る客もあった（『日本の遊園地』橋爪紳也著）という。

入園料は大人70銭、子ども50銭、大型遊戯施設が10銭、小型のものが1銭だったが、太平洋戦争の初期でもあり、戦勝ムードが高かったため、入園者数は休日には2万人近くまでのぼったという。

だが、1943年（昭和18年）に入ると、戦争が影を落とし始める。金属供出で、遊戯施設は次々と木製に変わっていく。従業員も赤紙召集で戦地に持っていかれた。1944年（昭和19年）頃には、大浴場も炭の配給がなくなり、湯を沸かせなくなったためにやむなく壊され、スポーツランドに変身した。

だが、本土空襲も激化し、奮闘空しく、『多摩川園』は、1945年（昭和20年）3月いっぱいで休園する。

東洋娯楽機製作所の代表者、山田貞一ら一家は、1945年（昭和20年）5月24日の空襲で焼け出され、ビックリハウスの中に住んでいたが、同年8月15日、そのビックリハウスの中で正座をして敗戦を告げる玉音放送を聞いたという。何とも強烈なエピソードだ。

戦後、いち早く再開
娯楽に飢えていた人々が殺到

だが戦後、他の遊園地に比べ、『多摩川園』の再開は早かった。

1946年（昭和21年）4月には、敷地の半分だけ使用して遊園地は再開する。

1955年（昭和30年）２月の多摩川園園内。どこを向いても黒山の人，人，人。左手の飛行塔のような建造物はサークリング・ウェーブ。多摩川園では戦前，『空中軍艦』と呼んでいたが，確かに乗り物が軍艦のような形をしている。右手下には二子玉川園にもあった自動回転ボートが見える。いずれも長蛇の列だ。（写真提供：東京急行電鉄株式会社）

リニューアル時に導入した象のメリーゴーランドや鬼退治、射的、積み木落とし、ロータリングチェア、サークリング・ウェーブなどが、満開の桜の下、顔をそろえて再出発し、娯楽に飢えていた人々が、1日1万人以上、殺到した。

残念なことに、1949年（昭和24年）には開園当初からのシンボルだった「夢のお城」が漏電により全焼してしまったが、1956年（昭和31年）4月1日には、1,980平方メートルの大催事館を建設、その年から菊人形展や納涼スリラーショーが開催された。

この後、昭和30年代から昭和40年代までが『多摩川園』の絶頂期で、遊戯施設も27種を数え、わずか4万9千平方メートルという小さな遊園地に、年間100万人近くの客が訪れた。

何よりも、駅の真ん前という利便さが強みだった。目黒、品川、大田、そして横浜からも目蒲線や東急東横線を使って、客たちは気軽に何度も訪れることができたのだ。

のどかな30年代。さまざまなアトラクションは懐かしい思い出やユニークな体験をたくさん作ってくれた

この時期の、『多摩川園』への思い出もさまざまだ。

「入口を入ってすぐのところに池のあるサル山があって、サルが池に向かってダイビング

するのが面白かった。サルも観客の反応がわかるらしく、拍手すると喜んで何回も飛び込み、1日眺めていても飽きなかった」という人もいれば、「ミラーハウスが楽しくて、多摩川園に行くたびに何回も入った」という人もいる。

中には滅多にない体験をした人もいる。夜、ビックリハウスの話をしてくれたMさんだ。

「小学校2年生くらいの時だったかな。夜、家族で行って、私と母親の2人だけで飛行塔に乗ったら、10分経っても20分経っても、飛行機が停まらないんです。最初の内は母も『随分、サービスがいいわね。やっぱり、夜でお客さんが少ないせいかしら』なんて喜んでいたけれど、下で待っていた父がさすがに不審に思って、係員のところに行ったら、その人、マンガ雑誌を夢中になって読んでいて、機械を停めるのを忘れちゃっていたんです。父も呆れてはいましたけど、別にひどく怒るとか、そういうことはしませんでした。『まったく、困った奴だな』なんて、苦笑いしておしまいって感じで、あの当時は客の方も呑気というか、のどかだったんですよね」

のどかといえば、お化け屋敷も、のどかなものだった。

トタン板で作ったような建物に入ると、うえからヒモつきのお化けが降ってくるという古典的なシロモノで、しかも裏に回ると、アルバイト学生が数人で、建物から外に垂れ下がった何本ものヒモを、汗みずくになって引っ張っているのが丸見えだった。

それでも、客たちは「キャーキャー」いいながら、夏になるとお化け屋敷を楽しんだ。

昭和30年代には、メリーゴーランドも象から馬に替わっていて、このメリーゴーランドの思い出を語る人も多い。

「動き出すと同時にお伽の国に行ったようなキレイな音楽が流れて、夢みたいな時間だった。純粋に感動できた子ども時代が懐かしいです」という人もいる。

のどかで和やかな時代が終わりを告げる
同時に遊園地も役割を終えて閉園

だが、昭和50年代に入ると、世情も変わってきた。

遊園地近隣まで住宅地が押し寄せ、新たに住み着いた住民たちから、「客の声やスピーカーの音がうるさい」といった騒音に対する苦情が激しくなってきたのだ。

本来ならば、最初からそこにあるものに対して、後からやってきた者が苦情をいうのはおかど違いというものだが、そのおかど違いがまかり通る時代になってしまった。

小学校の側に引っ越してきておきながら、運動会の時などに「子どもの声がうるさい!」と怒鳴り込むような、そんな自分勝手な大人たちが増えてきたのだ。

のどかで和やかな時代は終わった。

と同時に、子ども達の興味の対象も多様化し、丘のふところに抱かれた小さな遊園地は次第に忘れられていった。50年代に入ると、年間入場者数は絶頂期の半数の50万人にまで落ち込んでしまったのである。

1979年（昭和54年）6月3日、『多摩川園』は閉園した。6月の2日と3日に行われた、お別れイベント「さようなら多摩川園」には約3万5千人の客が訪れた。その大半が、子どもの頃に何度も足を運んだという年配者だった。

また、『田園コロシアム』も、その10年後、東京急行電鉄の複々線化工事に伴い、沿線から姿を消した。1983年（昭和58年）の東京都有明テニスの森公園に続き、有明コロシアムが1987年（昭和62年）に完成、老兵はその役割を終えたのである。

多摩川園跡地は閉園後、テニスクラブとなったが、現在は、その半分を大田区が所有し、湧き水や緑もそのままに『田園調布せせらぎ公園』となっている。

一方、田園コロシアム跡地はマンションに。建物は田園コロシアムのテニスコートの観客席をイメージし、5層のフロアをひな壇状にデザインしたものとか。昔からの住民の心をくすぐってくれる。

第4章　名物落下傘塔、最後は江の島へ　～二子玉川園

二子玉川園。この遊園地ほど、名称が替わった遊園地も珍しい。

ざっと挙げるだけでも、『玉川第二遊園地』、『玉川児童園』、『よみうり児童遊園』、『よみうり玉川遊園』、『よみうり遊園』、『よみうり動物遊園』、『二子読売遊園』、『二子玉川園』。

それに伴って使用する駅名も、ある時は玉川駅、ある時はよみうり遊園駅、そしてまたある時は二子読売遊園駅、またある時は二子玉川園駅、しかしてその実体は…と、まるで「七つの顔を持つ男」だ。

二子玉川園（現：二子玉川）に通じる電車も、渋谷から向かう路線は、1969年（昭和44年）5月に廃止された玉川線から8年の空白ののち、1977年（昭和52年）4月に新玉川線になり、長い間、その路線名で慣れ親しんだと思ったら、2000年（平成12年）8月6日からは田園都市線に変わっている。

大井町から向かう路線も、開通当初の1927年（昭和2年）には、大井町線と名乗って

いたのが、1963年（昭和38年）11月からは田園都市線。ずっとそのままだと思っていたら、1979年（昭和54年）8月12日からはまた大井町線に戻っている。

もう、何が何やら、少々、頭の回転が鈍くなってきた昭和30年世代としては、「わっけわかりません！」の世界である。近年の市町村合併による地名変更だけでも追いついていかれない状態なのに、電鉄会社まで年寄りをいじめるのはやめてくれと叫びたくなってしまうが、これも時の流れ、仕方のない話なのかもしれない。

桜吹雪が舞う大人の遊興地『玉川遊園地』対する子どもの『玉川第二遊園地』

話を戻そう。二子玉川園の前身は、1922年（大正11年）7月に多摩川の土手沿いに開園した『玉川第二遊園地』である。

第二というからには、第一があるはずで、そちらは『玉川遊園地』。1909年（明治42年）に、瀬田玉川神社の下の土地を借り受けて造られた遊園地で、別名『瀬田遊園地』、もしくは『玉川遊園』とも呼ばれていた。どちらも、玉川電気鉄道（通称玉電）が開園した遊園地で、遊園地自体の雰囲気としては、『玉川遊園地』の方が華やかだったようだ。

まず、エントランスからして凝っている。

玉川駅と瀬田駅の間に設けられた遊園地駅から園の入口までは、丸子川に沿って桜並木が植えられ、春にもなれば桜吹雪が入園客を出迎えた。園内に一歩入れば、5月には見事な藤の花が咲き乱れ、夏には築山から池に向かって流れ落ちる人工滝が、客たちに涼を運んだ。

高台には、京都の清水寺を模した百畳敷の演芸場を持つ「玉川閣《ぎょくせんかく》」も建てられ、連日、芝居や浪花節の大会などが催された。

また、一万坪という敷地内には、回転遊戯施設や動物園、運動場などもあり、この運動場は近隣の企業などの運動会などに貸し出されたという。

丸子川沿いには、玉川遊園地の客目当てに、料亭や待合いなどが立ち並び、客層も、「遊園地」とはいえ、庶民相手ではなく、羽振りのいい旦那が芸者衆を連れて遊びに来るといった、いわば大人の遊興地という色合いが濃いものだったらしい。

だが、これは当時、珍しいことではなく、その頃、各地に次々と開園していた「遊園」も、そのほとんどが芸者衆連れの旦那たちがターゲットで、鶴見花月園なども遊戯施設はあったものの、近隣の子どもたちには贅沢な場所で、一生に1回連れていってもらえれば良い方だったという。明治中期から大正時代の多摩川二子橋付近では、鮎漁見物も盛んに行われたが、この鮎漁も、岐阜からわざわざ鵜飼を呼び寄せるという凝りようで、釣られた鮎は屋形船で舟遊びに興じる客たちに提供された。これもかなり贅沢な遊びで、やはり客の中心は、芸者衆を連れた旦那方であったらしい。

一方、『玉川第二遊園地』の方は、当初から児童向けの色合いが濃いものだったらしい。詳しい遊戯施設は不明だが、玉川電気鉄道は、この『玉川第二遊園地』の開園にあたり、先だって開園していた『玉川遊園地』も含めて、その営業を浅草花屋敷に委託している。この委託は1929年（昭和4年）6月22日まで続いた（以降は自社営業に切り替えている）。その頃の浅草花屋敷は、大滝勝三郎が経営していた時代で、この時期、浅草花屋敷は、動物の飼育にも力を入れ、西洋あやつりやブランコ、滑り台など子どもが遊ぶ遊戯機器なども率先して設置したといわれている。なので、『玉川第二遊園地』も、およそ似たような感じではなかったかと思われる。

玉川電気鉄道、砂利運搬から旅客事業へ
休日の乗客誘致策として開園

この2つの遊園地を造った玉川電気鉄道は、多摩川から東京市街まで砂利を運搬する目的で1903年（明治36年）10月4日に設立された。

関東では「大師電気鉄道株式会社（京浜急行電鉄の母体）」、「東武鉄道」などに次いで登

場した、古い電鉄会社である。

多摩川の砂利は江戸時代から道普請などに採取されていたが、本格的に企業が砂利採取に取り組み始めるのは、明治も後半になってからだ。

その頃の東京は、西欧化に向けてコンクリート建築が急増し、それまでの土の道も次々とアスファルトに替わっていった。そのため、東京では慢性的な砂利不足状態で、産地から東京の中心地まで大量の砂利を運搬できる貨物鉄道は、都市整備において、待ちかねた存在だったのである。

そうした背景から、玉川電気鉄道は開業当初から経営状態は良好で、1938年（昭和13年）4月1日に東京横浜電鉄（のちの東京急行電鉄）に合併吸収された時も、玉川電気鉄道の方が業績としては勝っていた（だからこそ、五島慶太に狙われたともいえるのだが）。

ところが、嬉しい誤算で、会社設立当時は二の次と考えられていた旅客事業も、1907年（明治40年）8月11日に渋谷〜玉川間が全面開通すると、通勤電車としても活用されるようになり、むしろそちらの売り上げの方が侮れない数字となってきた。

そうなると、休日にも沿線住民に電車を利用してもらおうという欲が出てくる。『玉川遊園地』も『玉川第二遊園地』も、この旅客利用者の誘致策として開園したのである。

その意味では、『玉川遊園地』は、関東における電鉄会社による遊園地事業の草分け的存在であった。

日本初の公認プールなど健全路線を快走

さて、児童向けの遊園地として誕生した『玉川第二遊園地』は、その後、一路、健全路線を走っていく。1925年（大正14年）6月には、『玉川第二遊園地』に隣接して、日本初の公認プール「玉川プール」（現在の東急自動車学校）を開場する。このプールでは数々の国際競技も行われ、1929年（昭和4年）には、のちに「ア〜アア〜」のかけ声も懐かしい「ターザン」で一世を風靡した、あの有名なジョニー・ワイズミュラーも訪れている。ジョニー・ワイズミュラーは、パリ・アムステルダムの両オリンピックに出場、水泳の自由形で金メダルを5個も獲得した水泳界の「超人」で、「玉川プール」には、日本代表チームとの親善試合で来訪した。

また、1927年（昭和2年）にはプールの横にテニスコートも設置、『玉川第二遊園地』一帯は、さながら「スポーツランド」の様相を呈していった。

やがて、1938年（昭和13年）4月1日に東京横浜電鉄に玉川電気鉄道が吸収されると同時に、遊園地も東京横浜電鉄の経営下に置かれる。

といっても、東京横浜電鉄が『玉川第二遊園地』を経営していたわけではない。

両社が合併契約を締結したのは1937年（昭和12年）6月だが、同年3月21日から、『玉川第二遊園地』は、読売新聞社が玉川電気鉄道から敷地および施設ごと借り受け、『よみうり遊園』として開園しているからだ。その後、大家が替わっても店子には問題がなかったらしく、読売新聞社はこの地で、1942年（昭和17年）まで遊園地を営業している。

読売新聞社広報部の話では、社内報に『よみうり遊園』の名前が出てくるのは1937年（昭和12年）4月号からで、そのタイトルは「おとぎのよみうり玉川遊園」。内容は、「二子玉川園の玉川児童公園に高さ三丈の大象をはじめ、面白いおとぎの国の設備を施して、『よみうり遊園』とし、これまた去る3月21日から開園、本紙愛読者を招待」と書かれているという。その次が翌年の1938年（昭和13年）3月号で、そこには「我が社が児童の保健・娯楽・教育にするため、昨年来、拡張整備中の『旧二子玉川児童遊園』も第一期を完了。色々な種類の猿の類い100匹を放し飼いにする猿ヶ島が出来、『よみうり動物遊園』とした」とある。

何分にも古い資料であり、「文字もとても細かいので、ファクシミリでお送りしても、多分、文字がつぶれて読めないと思いますから」と、広報部の女性がわざわざ読み上げてくださったのだが、その女性も、「高さ三丈の大象って何でしょうね？　本物のゾウのことなのでしょうか？　それに、タイトルでは『よみうり玉川遊園』と書きながら、本文では『よみうり遊園』となってますしね。翌年には、今度は『よみうり動物遊園』ですから…。う～ん、どれが本当の名前なんでしょう？」と電話の向こうとこちらでお互いに首をひねる始末で、正直な話、どんな施設であったのか、また、正式名称はどれが正しかったのか、正確なところはわからない。

だが、玉川線の駅名が「玉川駅」から、1939年（昭和14年）3月に「よみうり遊園駅」と改名されているので、対外的には『よみうり遊園』と名乗っていたのではないかと想像がつく。ただし、翌年の1940年（昭和15年）12月には大井町線・玉川線ともに駅名が「二子読売園駅」と改名されているので、実際に『よみうり遊園』と名乗っていたのは、昭和12年から昭和15年の3年間だけということになる。『玉川第二遊園地』という名称も、この社内報によると、1937年（昭和12年）には『二子玉川児童遊園』と呼ばれており、「いつの間に名前が替わったんだ？」と追跡したが、残念ながら今回の取材では追いきれなかった。

パラシュート降下が楽しめる！
民営では世界でただ1つの「大落下傘塔」出現

しかし、この『よみうり遊園』は、世間をあっといわせるスゴイものを出現させる。

それが、1940年（昭和15年）11月7日に、読売新聞社がよみうり遊園に隣接する多摩川河畔に建設した「読売大落下傘塔」だ。

これは地上50メートルの高さからパラシュート降下が楽しめるという超大型遊戯施設で、総工費は約30万円。パラシュートを支える鉄塔は高さ70メートルで、国営でも世界に2基、民営でしかも一般向けの遊戯施設としては世界に1つというシロモノで、設計は東大工学部の武藤清教授が行った。

仕組みは非常にわかりやすく、鉄塔から突き出た3本の腕木にそれぞれ1つずつ開いたままのパラシュートが吊り下げられていて、チャレンジしたい客は、このパラシュートを胴に結びつけて頂上部まで吊り上げられる。頂上部に着いたら、今度は好きな速度で降ろしてくれるというもので、パラシュートには常に支える命綱がついているので、どこかへ飛んでいってしまうということもない。面白いのは、初級・中級・上級とコースが分かれていて、落下するスピードも好みに応じて変えてもらうことができるという点だ。

当時、この大落下傘塔で遊んだという人の話では、初級者用は、2人乗りのベンチにパラシュートがついたもので、これは座ったまま、パラシュート降下が楽しめる仕掛けで、主に女性や子ども向けだったたという。

中級者になると、胴にパラシュートを結びつけて高さ50メートルの飛行台まで行き、好きな速度で降ろしてもらうが、パラシュートには命綱がついているとはいえ、ゆらゆらと空中浮遊を体験できるため、これが一番の人気コースだったという。しかも、高さ50メートルといえば地上12階建てに相当する。足の下には何もないわけで、かなりのスリル感も味わえたらしい。

上級者になると、ガラリと変わって、いきなり命綱なしの自由降下。飛行台で、自分でパラシュートから命綱を外し、一気に空に身を躍らせる。バンジージャンプよりよほどコワイ。いってみれば、上級者コースは本当のパラシュート降下に近く、陸軍の飛行学生たちが随分と訓練のためにお忍びで通ったらしい。

初級・中級とこなしていくと認定証がもらえて、最後には上級コースにチャレンジができたが、いくら認定証をもらっても、命綱なしで空中に飛び出していくのは普通の人にはできないことで、ほとんどの人が中級者コースを楽しんだという。話を聞かせてくれたOさん（83歳）も、上級コースのチャレンジ権は得たが、さすがに挑戦する気にはなれなかったと笑う。

この後、よみうり遊園は、1940年（昭和15年）12月から『二子読売園』と改名する。改名の理由は定かではないが、『二子読売園』になってからは、東洋娯楽機製作所（株式会社トーゴの前身。同時期、多摩川園の運営も受託していた）が運営を受託し、それは1945年（昭和20年）の中頃に一時閉園するまで続いた。

一方、『玉川遊園地』の方は、いつ閉園になったのか、定かではない。目玉商品ともいえる「玉川閣」が、火事で焼失してしまったこともあり、また、『玉川第二遊園』とは違い、土地は神社のものだったので、玉川電気鉄道が東京横浜電鉄に合併された段階で手放していた可能性が高い。地主であった瀬田玉川神社も、「いつまで玉川遊園地があったのか、こちらでも調べてみたことがあるんですが、わからないんですよ」という。

「ただ、戦後、玉川遊園地の跡地はお花見の場所などに自由に使われていたようで、近所の方の話では、皆さん、ゴザを敷いて、休憩所のようにして使っていたということです。なので、お花見のシーズンになると、近所の人がゴザを1枚いくらという感じで、花見客に貸していたそうですよ」と教えてくれた。

その後、旧玉川遊園地の土地は、瀬田玉川神社から、戦後、この地に移ってきた身延山関東別院玉川寺《ぎょくせんじ》に譲られ、現在では玉川寺の墓地となっている。

話を『二子読売遊園』に戻そう。

読売新聞社は、終戦直前に閉園した段階で、『二子読売遊園』からは手を引いており、その後は、1942年（昭和17年）に目黒蒲田電鉄と東京横浜電鉄が合併してできた東京急行電鉄の手に委ねられることとなった。

遊戯施設を次々そろえた昭和30年代
40年代は『ウルトラセブン』のロケ地にも

遊園地は戦時閉園してからしばらくは東京急行電鉄の社員のための農場として活用されていたが、1949年（昭和24年）には、軟式野球場を新設、玉川プールも再開した。といっても、およそ遊園地と呼べる形態ではなく、この旧『二子読売遊園』が『二子玉川園』として本格的に遊園地として復活をするのは1954年（昭和29年）3月27日のことである。

園内には、豆自動車や飛行塔、クジャクなどの小動物のいる動物コーナーなどが設置され、開園初日は遊園地再開を待ち焦がれた家族連れで大賑わいとなったという。

翌々年の1956年（昭和31年）4月20日には、フライング・コースター（いわゆるジェット・コースター）も新設された。

昭和30年代、『二子玉川園』に遊びに行っていたSさん（47歳）によると、「園内は土の匂いのする遊園地でしたね。私は池の中を自動回転するボートが大好きで何回も乗りました。回転木馬も本当に回転木馬という呼び方がぴったりの木の匂いがするような乗り物で、あれをメリーゴーランドと呼ぶとせっかくの素朴な雰囲気が変わってしまうような気がしてイヤでした。あと、クジャクがとても印象に残っています。小さな檻の中に入っていて、前に立つと、羽根を広げて見せてくれるんですけど、その羽根が檻の中でつっかえていて、母と

1954年（昭和29年）３月27日。記念すべき『二子玉川園』開園日の園内。（写真提供：東京急行電鉄株式会社）

『何だか檻が小さくて可哀想だねぇ』って話したのを覚えています」と、当時の雰囲気を振り返る。

昭和40年代初頭からは、遊戯施設だけではなく、『ウルトラＱ』や『ウルトラセブン』などの人気番組のロケ地としてもたびたび使われ、その縁もあり、野外ステージではウルトラマンショーなどが催された。

催事館には、ウルトラマンのセットや実際に撮影で使われたグッズなどが怪獣たちと並んで展示され、時には、本物の主役俳優が隊員姿でファンサービスを行った。

子供たちにとっては、まさに夢のよ

うな「ウルトラワールド」であった。

ウルトラマンといえば、忘れてはならない出来事がある。

それは、1973年（昭和48年）4月22日に、『二子玉川園』園内で行われた「怪獣供養」だ。

昭和40年代後半、怪獣もののエキスパート集団円谷プロは度重なる不運に遭遇する。

1970年（昭和45年）にはあのゴジラを手がけた特撮の神様、円谷英二が病死。後を継いだ息子の円谷一（この人は、東京一のペンネームで、ウルトラマンやウルトラセブンなどの主題歌の歌詞も書いていた）が、わずか3年後の1973年（昭和48年）に急死。他にも撮影中に火薬事故が起こるなど、災難が相次いだのだ。そのため、そうしたニュースを耳にした一般家庭の母親たちでさえ、「怪獣の崇りよ。絶対、何かあるわ」などと噂した。

そこで、ウルトラマン一族やミラーマン、ファイヤーマンなど円谷プロのヒーローたちが一堂に会し、自分たちが倒した400頭以上の怪獣たちの供養を『二子玉川園』で、しめやかに行ったのである。

今の子どもたちなら、「作り物のお話じゃん」と鼻で笑いそうだが、当時の日本には、まだまだすべての物、それは茶碗であったり機械であったりという無機物にも、ちゃんと生命が宿っているという考え方が生きていた。また、親たちも「だから、物は大切にしなければならない。乱暴に扱うと仕返しされてケガするよ」と教えていた。祟りを信じるなど先進国にあるまじき考えと一掃されそうだが、昔から伝承されてきた祟り話やタブーには、意外にも論理的、もしくは科学的根拠が存在したりするのである。

供養祭は、「ウルトラ怪獣大行進」というイベントに絡めて行われたが、単なる客寄せのパフォーマンスではなかった。

この供養祭には家族連れ2、000人が参加し、子どもたちは皆、真剣な面持ちで怪獣たちに花を捧げた。

のちに、「怪獣の碑」も建立されたが、残念ながら閉園後の行方はわからないという。

時間が止まったような不思議な空間のまま、ひっそりと閉園

この後、『二子玉川園』は、特に絶叫マシンも天を突くような大型遊戯施設も導入せず、いわゆる昭和30年代の昔懐かしい遊園地の雰囲気を残したまま営業を続け、1985年（昭和60年）3月、ひっそりと閉園する。

興味深いのは、そうしたある意味、古びた遊園地でありながら、年間入場者数が、最盛期といわれた昭和40年代は別としても昭和50年代から閉園までは、毎年ほぼ40万人と、さほど

変わっていないことだ。無事これ名馬ではないが、作りはお世辞にもスマートといえず、最新型のマシンもなかったが、時間が止まったままのような不思議な空間を作り出していたこの遊園地は、決して衰退した遊園地ではなかったのである。

閉園後、二子玉川園跡地は、玉川タイムスパークと二子玉川園東急スポーツガーデンに分けられ、これまで玉川タイムスパーク内には、住宅展示場、タイ料理レストラン、ガーデニング専門店、都市型アミューズメントパーク『ナムコ・ワンダーエッグ（1992年（平成4年）2月29日～2000年（平成12年）12月31日）』などが造られたが、すでになく、1995年（平成7年）3月からは、ペットのテーマパーク『ねこたま・いぬたま（いぬたまは1997年（平成9年）8月開園）』とフリーマーケット会場になっていた。しかし、『ねこたま・いぬたま』も、今はすでにない。

地元の人でさえ、「二子玉川園が閉園してからこっち、何ができても永続きしない場所なのよね」と首を傾げた。

しかし、実はこれには理由がある。二子玉川園跡地は東急の持ち物ではあるが、東京都の都市計画に伴い、二子玉川東地区再開発事業用地として指定されてしまっているのだ。

この二子玉川東地区再開発事業の基本計画は、1983年（昭和58年）に始まっている。

1972年（昭和47年）11月23日。年間400万人が入場していた最盛期。中央にそびえるのは，バルタン星人か？　写真左手一帯は動物コーナー。（写真提供：東京急行電鉄株式会社）

それが、二子玉川地区市街地再開発基本構想で、逆にいえばこの都市計画が持ち上がったために、『二子玉川園』は閉園したともいえる。そのため、二子玉川東地区再開発事業用地となった二子玉川園跡地は、都市計画プランが決定するまでの暫定使用としてしか使えないことになってしまった。人気を博した『ナムコ・ワンダーエッグ』も、地元の人には人気があったというタイ料理レストランもガーデニング専門店も、そして『ねこたま・いぬたま』も、「経営が行き詰まって、なくなった」のではなく、暫定使用地であったために当初からの契約期間終了に伴い、営業を終了したのである。

1972年（昭和47年）10月。家族連れで賑わう『二子玉川園』の入口付近。写真左手はキップ売場。その隣りが入口で，ウルトラ兄弟がお出迎え。（写真提供：東京急行電鉄株式会社）

さて、そういえば、『二子玉川園』時代、まったく話に出て来なかった、あの大落下傘塔は、どうなったのか？

本物のパラシュート部隊も訓練に訪れ、一般大衆に向けては戦意昂揚の道具でもあった大落下傘塔は、戦後、江の島に運ばれ、１９５１年（昭和26年）３月25日、今度は航行する船の安全を守るための平和灯台として生まれ変わった。だが、『江の島展望台』のリニューアルに伴い、２００２年（平成14年）12月31日をもって、その役目も終えた。『よみうり遊園』の時代から数えると、62年にわたるお務めである。

長い。と同時に、昭和は遠くなりにけり、である。

そして今、二子玉川は、本格的な都市開発

を終え、近未来的な建物群が駅からずっと続き、その先に『二子玉川公園』がある。そここそが、遊園地『二子玉川園』の新しい姿で、入口の石碑の裏には、しっかりと『二子玉川園』と彫られている。2016年現在、すっかり変わってしまった公園を見て残念がる人々が跡を絶たないというが、石碑の裏を見て、思わず涙する人も少なくないという。

だが、この公園も含め駅から続く『二子玉川ライズ』は、生態系の保全に取り組んでいること、インフラ整備や建物において資源の保全などの環境配慮に取り組んだ町として、世界的な環境性能評価である『LEED』で、世界初のゴールド本認証を取得した。長い期間がかかったが、ようやく完成を見た二子玉の町は、新時代のトップを走る町として生まれ変わった。その中に『二子玉川園』(あえてこの名を使おう)が入っていることに希望と喜びが浮かんで来るような気がしてならない。

第5章　フラミンゴはどこへ　～行川アイランド

これは間違いなくいえると思うが、行川アイランドができるまで、日本中の子どもは「フラミンゴ」などという鳥は知らなかった。

近所の原っぱで風呂敷をマントに「忍者部隊月光ごっこ」だの「怪傑ゾロごっこ」だのをやっていた子どもたちにとって、身近な大きな鳥といえば、ガチョウかアヒル。あとはせいぜい、「名前を知っている」のが、白鳥やクジャク、ツルといった程度で、白鳥やクジャクは動物園などに行けば見ることができたが、都市部の子どもは、ツルでさえ、絵でしか見ることができなかった。そこにいきなり、フラミンゴである。しかも、羽根がピンクときた。子どもだってびっくりしたが、大人だって驚いた。

実際に見ると、丸みを帯びた体は淡いピンク色から濃い赤に近いピンク色へとグラデーションのかかった羽根に覆われ、華奢な首や脚と相まって、たとえていえば、オードリー・ヘプバーンのように可憐で気品に溢れた、誠に美しい水鳥なのだが、行川アイランド開園のニュースとともに何度もテレビで流されたフラミンゴの映像は、くちばしの先端が猛禽類のようにクルッと曲がり、脚は小枝のように細すぎて見え、「何だか気味悪いわ、このトリ。やっぱり日本人はツルよ！」などと妙にそんなときだけ保守的になる母親たちにこきおろされる始末だった。

だが、今や日本にフラミンゴを知らない子どもはいない。それもこれも、行川アイランドが37年間という長きにわたってフラミンゴを紹介し続けてくれたおかげなのである。

行川アイランドは今風にいえば、「鳥のテーマパーク」だ。

動物園ではなく、バードパーク。

太平洋を望む房総の、自然の地形を活かした15万坪という広大な敷地内で、100羽ものフラミンゴがワルツやサンバの調べに乗って華麗に舞い、30羽のクジャクがダイナミックな空中ダイブを見せ、飛べないはずのホロホロ鳥も見事な空中パレードを見せてくれた。

園内には白鳥池やペンギン、コンドルといった鳥類のほか、以前はキリンやシマウマ、ゾウまでいた動物ひろばもあり、アシカ池ではアシカのペロちゃんが愛想を振りまいていた。

施設内にはフランス料理を堪能できるレストランや野外バーベキュー場、海水プール、眺望自慢のホテル『フラミンゴ（のちに「行川アイランドホテル」と改名。ラスベガスのフラ

100羽以上のフラミンゴがワルツやサンバの調べに乗って，池のまわりを行進。驚くのはこのフラミンゴたちが二手や三手に分かれて，きっちりと歩き，最後にはまた1つの団体に戻るところ。見事でした。（高橋裕子氏所蔵『行川アイランドパンフレット』より）

30羽以上のクジャクが30メートルの高さからダイナミックに飛んでくる「クジャクのダイビングショー」。ほかに「ホロホロ鳥の空中パレード」もあった。（高橋裕子氏所蔵『行川アイランドパンフレット』より）

ミンゴホテルからクレームがついたという噂も）』まであり、のちには、珍しい熱帯の鳥たちを集めた『トロピカルバードセンター』や、オーストラリアにだけ生息する貴重なゴシキセイガイインコを300羽も放し飼いにした『ロリキートガーデン』も作られた。まさに南国を思わせる一大パラダイスだった。

先代社長、森の平和への願いが込められた鳥のテーマパーク

こんな鳥のテーマパークは、現在でも珍しい。

一体、どんな会社が鳥のテーマパークを作ろうなどと考えたのか、閉園時の資料を繰ると、そこには経営母体として、「日本冶金工業株式会社」という名前があった。

日本冶金工業といえば、日本屈指のステンレスメーカーだ。唐突だが、ステンレス鋼とは、鉄を母体にクロムとニッケル、または鉄とクロムを組み合わせて作られる合金だ。つまり、鉄とは切っても切り離せない関係で、昭和30年代の人間としては、鉄と聞けば、すぐにオイルショック以来の鉄鋼不況が思い浮かぶ。

まさか、それを見越しての異業種参入か？　と思い、日本冶金工業に電話をすると、応対してくれた総務部の担当者は笑いながら、「いえ、不況はまったく関係ないです。行川アイランドは先代社長の森が趣味で作ったものなんです」と教えてくれた。

それはいいのだが「趣味」？　趣味であれだけのテーマパークを作ってしまった森社長とはどんな人物なのか。そこにはあの悲惨な戦争…第二次世界大戦が大きく横たわっていた。

行川アイランドを開園した当時の日本冶金工業株式会社社長、森暁は、戦前の新興財閥、森コンツェルンを一代で築き上げた森矗昶《のぶてる》の長男として1907年（明治40年）6月19日に生を受けた。まずは、父親である森矗昶の生い立ちから話を始めよう。

のちに、日本重工業界の基礎を作ったともいわれる森矗昶は、1884年（明治17年）10月21日、千葉県夷隅郡守谷村（現・勝浦市守谷）の網元の家に生まれた。網元の息子がどうして、重化学工業の祖と呼ばれるまでになったのか。そこには、矗昶の父、為吉の存在が大きい。

当時、房総の海にはカジメと呼ばれるワカメ科の海藻が多く打ち上げられていた。カジメは栄養分が豊富なため、畑などの肥料として使われていたが、あるとき、為吉はこのカジメが実は宝の山だと知ることになる。

理由はヨードだ。カジメを焼いた灰にはヨードが含まれている。このヨードはヨード・チンキとなるのだが、その副産物として火薬も製造できるのだ。

当時の日本は日清戦争から日露戦争へと、いわば「行け行けドンドン」の時代だったためめ、軍は大量の火薬を必要としていた。となればその原料となるヨードの需要も拡大する。そう踏んだ為吉はカジメ焼き、つまりヨード作りに乗り出し、家業を手伝うために中学進学を諦めた息子の矗昶とともに1908年（明治41年）12月に総房水産を設立するのである。

為吉の読みは当たり、総房水産は第一次大戦勃発とともに莫大な収益を上げるが、戦争が終結するやいなや、ヨード価格は一気に暴落し、1919年（大正8年）に総房水産は倒産してしまう。しかし、かねてから親交のあった株式会社鈴木商店（のちの「味の素」）初代社長、鈴木三郎助の助けもあり、総房水産の倒産から3年後の1922年（大正11年）、矗昶は39歳で森興業株式会社を設立する。これが森コンツェルンの始まりである。

矗昶は、この後、鈴木三郎助が設立した東信電気株式会社に水産部として合併吸収されていたヨード工場（もとの総房水産）を鈴木から譲り受け、1926年（大正15年）に日本沃《よう》度《ど》株式会社を設立、ヨード事業を再開する。ここからが凄い。

1928年（昭和3年）には昭和肥料株式会社を創立、1934年（昭和9年）には国産アルミニウム生産に成功し、日本沃度株式会社を日本電工株式会社と改称し、1939年（昭和14年）には日本電工と昭和肥料を合併、昭和電工株式会社を新設するのだ。

その間、1924年（大正13年）には、千葉県第三区より出馬して衆議院議員にも当選している。まさに破竹の勢いである。そんな矗昶が日本火工株式会社（日本冶金工業株式会社の前身）と関係を持つのは、1933年（昭和8年）のことである。

ここからは、『日本冶金工業株式会社八十年史』を参考に話を進める。

その頃、日本火工株式会社は、火薬の製造販売を行い、海軍の指定工場となっていた。

しかし、規模が小さく、納品が間に合わない状態で、事業を続けるには、かなり大規模なリニューアルを必要としていた。だが、経営陣には事業拡張に対して、いささかの不安があった。というのも、日本火工株式会社はもともとは、中央理化工業株式会社という名前で1925年（大正14年）8月22日に「消火器の製造販売会社」としてスタートした会社だったのだが、経営状態が思わしくなく、1928年（昭和3年）9月26日に、名称を日本火工株式会社と改め、消火器製造のノウハウを活かして、まるで正反対の火薬の製造販売業に転換した会社だったからだ。

1925年（大正14年）当時は、その前々年に起きた関東大震災の記憶が人々の中にまだ生々しく残っていた。これは現在でも当てはまるが、どこかで大震災が起こると、その後、防災グッズが飛ぶように売れる。

当時も似たような状況で、関東大震災では特にその後に発生した火災が被害をより甚大にしたことから、家庭内における初期消火用品を製造販売する会社が続出したのである。

中央理化工業株式会社もその1つだったのだが、この会社には、「技術はあるが経営はヘタ」という企業としては致命的な欠陥があった。その証拠に、中央理化工業株式会社の製造した消火器は、現在の消火器の原型とも呼ばれるほどの優れた製品だったのである。

だからこそ、当時の海軍も、中央理化工業株式会社改め日本火工株式会社を軍の指定工場にしたのだが、経営体質は、名前を改め、取り扱い品目を変えても、そう変わりはしなかったようだ。そのため、日本火工となって5年経ち、ようやく経営が安定したとはいえ、経営陣は大規模リニューアルに挑戦する自信が持てなかったのである。そこで、当時の社長であった高野清次郎は大決断を下す。海軍を通じて、かねてから火工品に興味のあった森矗昶と接触し、日本火工株式会社の経営権を森興行株式会社に譲渡したのである。高野とすれば技術力を宝の持ち腐れにするよりは、森コンツェルンの傘下に入ることでの発展を選んだのだ。1933年（昭和8年）10月6日のことである。

折しも、当時の日本は、満州事変から日中戦争、そして第二次大戦へと相変わらずの「行け行けドンドン」状態であり、日本火工株式会社も海軍だけではなく、陸軍との取引も増え、製造品目も、照明弾や爆雷といった火工品だけではなく、戦車のクランクシャフトや弾薬の弾体など特殊鋼や軽合金も扱うようになっていった。そのため、日本火工株式会社という名称ではすでに取り扱い品目が収まらないという理由から、1942年（昭和17年）9月15日、社名を現在の「日本冶金工業株式会社」に改称する。

しかし、火工品を主体とした部門では逆にその名称ではそぐわないという意見から、火工品部門だけは一時、同じ森コンツェルン内で千葉県興津町にあった昭和火薬株式会社に譲渡され、改めて、日本火工株式会社を設立する。

このとき、すでに日本冶金工業は、森コンツェルンの総帥として多忙を極める矗昶の後を継ぐ形で、息子の森暁が1939年（昭和14年）から代表取締役社長を務めており、同根分け化した日本火工株式会社の代表取締役社長も森暁が兼任することになった。

当時の構図をわかりやすく説明すると、

川崎工場：特殊鋼や軽合金の製造→日本冶金工業株式会社
興津工場および戸塚工場：火工品の製造→日本火工株式会社

となる。

戦中戦後、朝鮮戦争勃発を経て、火薬庫跡地は鳥が舞う楽園に

だが、「歴史は繰り返す」…ではないが、戦争が終わると同時に軍事特需も消える。

しかも、今度は敗戦である。戦後、GHQが行った財閥解体政策は、三井・三菱・住友・

安田といった大財閥だけではなく、新興財閥と呼ばれた森コンツェルンにも及び、それに伴い、森コンツェルンの総帥となっていた森暁も公職追放令に従い、傘下各社の代表取締役を辞任する。軍の指定工場であった日本火工株式会社も解体から解散へと向かい、マッチ製造工場となっていた。

ところが、ここで朝鮮動乱が勃発する。皮肉なことに日本火工株式会社は今度はアメリカ軍の指定工場として息を吹き返すのである。やがて、動乱後も続いたアメリカによる特需も下火になると今度は戦争の後始末が待っていた。それは爆弾類の「解撤」作業である。

終戦直後、日本軍は進駐軍の命令もあり、日本各地に残存していた砲弾や魚雷、機雷などを海中に投げ捨てた。今、考えればひどい話であり、そのため、底引き網の漁師が命を落とすなど人身事故が相次いだ。一方で、砲弾などは分解すれば弾体である金属類や中に詰まった火薬類が高く売れるとあって、「解撤」を職業にする者も現れた。しかし、これは命がけの作業であり、一歩間違えれば、大惨事になりかねない。そこで進駐軍はこの作業を許可制とし、作業を行うのは火薬火工の専門業者に限定したのである。

日本火工株式会社も、この業社に認定され、1951年（昭和26年）から、千葉県の興津工場で解撤作業に取り組むことになる。それは捨てられた砲弾類を水中から引き上げ、弾体と火薬とに分類し、安全に処理をするという、まさに危険極まりない仕事だった。

そして、この日本軍の遺産がようやく片づいた後、今度はアメリカ軍の兵器の解撤作業も扱うことになる。1955年（昭和30年）のことだ。ただし、こちらは、在日アメリカ軍の各基地に貯蔵されたまま、もう旧型となってしまった兵器を解撤する作業で、解撤後取り出された鋼類は、ステンレスの平和利用へと邁進し始めていた日本冶金工業にとってもありがたい資源となった。ちなみに、日本火工株式会社は1952年（昭和27年）7月16日に日本冶金工業株式会社と合併している。

では、この時に取り出された大量の火薬の方はどうなったのか。実はここに本題がある。「TNT」という名の最高級火薬は、1956年（昭和31年）10月、ある場所に掘られたトンネル内に厳重に保管された。その場所こそが、のちに『行川アイランド』となるのである。

行川の火薬庫に埋められたTNT火薬は、その後、自衛隊や鉱工業などに使われ、いつしか、火薬庫跡地となる。1949年（昭和24年）に公職追放令解除により、日本冶金工業株式会社の代表取締役社長に再就任していた森暁は、悲惨な戦争の遺産ともいえるこの地に立って、一体、何を思っただろう？

確かに会社自体は、軍事特需で業績を上げた。しかし、その戦争がもたらしたものは何

行川アイランドのトンネル。房総のパラダイスはこのトンネルをくぐった向こうにあった。（2004年（平成16年）12月撮影）

だったのか。

南方で散っていった多くの命。

空襲や原爆で焦土と化した日本。

戦後、手がけた日本軍の砲弾解撤作業でも、尊い人命を失っている。

森暁は、戦争を体験した…というより、戦争に加担した形となった日本火工株式会社の経営者であったからこそ、2度と戦争は起こしてはならないと考えたのではないだろうか。新憲法の元、日本は平和国家へと歩み出した。

平和とは何か。それは明るい空の下、人が人らしく自由に歩き、自由に笑い、美しいものを見て素直に感動できること。

森暁が、なぜ、行川アイランドを作ろうと思ったのか、その理由そのものについて書かれている文献はなかなか見当たらない。

2004年（平成16年）の行川アイランド駅。1970年（昭和45年）7月18日に行川アイランドに行くための臨時乗降場として造られた。国鉄時代に私企業の施設名が駅名となった珍しい駅でもある。かつてはフラミンゴのピンク色に彩られていた駅も，現在では無人駅に。写真は2004年撮影の駅舎だが，現在は透明な待合室に立て替えられ，中にピンクのフラミンゴ色の椅子が置かれている。

しかし、この火薬庫跡地を、美しい鳥が舞い、人々が驚き喜びながら、平和をかみしめる場とすることで、彼は彼の中の「戦争」を終わらせようとしたのではないだろうか。

森暁は、行川アイランド建設に際して、日本冶金工業とはまったく関係なく、株式会社行川アイランドを設立している。

それはある意味、森暁個人としての、戦争に対する「罪滅ぼし」ではなかったか。

1964年（昭和39年）8月13日に開園した行川アイランドは、まさに人々が、ワルツの調べに乗って華麗に躍るフラミンゴショーやダイナミックなクジャクのダイブに目をみはり、素直に驚き感動ができる、平和の楽園となった。森暁は、休日には時間が許す限り、客に紛れて、満面の笑みを湛え、園内をくまなく歩き回っていたという。

家族連れで賑わう園内で、平和の尊さを一番に感じていたのは、彼自身ではなかったのではないだろうか。

常に赤字を抱えながらも維持していた楽園

しかし、森暁が日本冶金工業株式会社を1976年（昭和51年）3月12日に引退した後、株式会社行川アイランドは1978年（昭和53年）8月1日に倒産し、日本冶金工業株式会社のグループ会社である冶金興産株式会社が運営することとなる。

新生行川アイランドには、南国の珍しい鳥たちを集めた『トロピカルバードセンター』や稀少な小型キヌザル科のサルたちを見ることができる『モンキーセンター』などが設置され、フラミンゴたちも開園当初のチリフラミンゴから、大型で色の鮮やかなベニフラミンゴに替わり、ショーの華やかさもアップした。

このベニフラミンゴたちが、閉園までの23年間、メンバー交代することもなく、華麗なショーを見せ続けてくれたのである。

こうしたテコ入れで、年間100万人以上という観客を動員できたが、その実態は、リ

あたかもまだ営業しているような雰囲気の行川アイランド周辺。看板も色褪せてなく，ピカピカだ。2005年（平成17年）3月，この跡地はようやく買い手がついて，リゾートホテル，ビジネスホテルなどの開発を主に手がける共立メンテナンスに売却された。（2004年（平成16年）12月撮影）

ニューアル後から閉園まで、一度も黒字になったことはなかったという。

日経ビジネス2001年7―23日号「フラミンゴの奮闘むなしく無念の閉園」で、行川アイランド園長であり、冶金興産取締役の池田正巳氏は、

「そもそも民間企業が動物園を持つことは、かなり無理のあることです」と語っている。

「地方自治体など官のカネを流してもらわないと、成り立たない事業なんですね」という。

確かにそのとおりだ。

沢山の鳥たちを、健康状態も含

め、しっかりと管理飼育していくには、莫大な金がかかる。フラミンゴたちは生き物だ。生き物である以上、単純に考えても餌代が必要になる。飼育員も必要なら、もちろん、獣医も必要だ。さらに、調教中の鳥が山の中に逃げてしまったら、捕まえにも行かなければならない。

餌代もかからず、逃げることもない遊園地の遊戯施設とは訳が違うのである。

また、東京から特急で2時間という距離もネックになった。

入場者数も閉園の前年には19万人にまで落ち込んでいたという。

かくして、2001年（平成13年）8月31日、行川アイランドは37年にわたる長い歴史に幕を閉じた。存続を願う市民の声も多かったが、勝浦市も、行川アイランドを引き受けるだけの財力はなかったのである。

あのフラミンゴたちはどうなったのか？

さて、気になるフラミンゴたちの行方だがベニフラミンゴ（110羽）をはじめ、インドクジャク（50羽）やシロクジャク（15羽）、ホロホロチョウ（280羽）、ゴシキセイガイインコ（198羽）などは福島県二本松市の東北サファリパークで第二の鳥生を送っている。

そのほかにも、埼玉こども自然動物園にはオオサイチョウとヒワコンゴウインコが、市川市動植物園にはコツメカワウソが、上野動物園には『モンキーセンター』にいたエンペラータマリンやピグミーマーモセットが、東京都多摩動物公園にはコフラミンゴ（6羽）やオシドリ、ベニコンゴウインコ、ルリコンゴウインコ、ヤシオウム、タンチョウなどが、そして伊豆バイオパークにはアンデスコンドルが、というように、行川アイランドにいた鳥類51種814羽、哺乳類17種47頭は、すべて、10都道県市・15施設に有償で引き取られて行った。

ちなみに東北サファリパークでは、行川アイランドのフラミンゴたちが今でもショーを演じてくれているという。フラミンゴの寿命は50年近くあるものもいるのだ。

さすがに寒い土地柄、冬期は休演だが、3月下旬からはショーが再開されるという。

だからもし、東北サファリパークでフラミンゴと出逢える機会があったら、声をかけてあげようではないか。

「ありがとう。頑張ってるね」と。

第6章　誰でも知ってた「長生きチョンパ」〜船橋ヘルス・センター

『船橋ヘルス・センター』といえば、思い浮かぶのは、あのCM。

「長生きしたけりゃ、チョトおいで」という歌に乗って、浴衣姿のおじさんおばさんが列になって踊るアニメーションは、強烈なインパクトがあった。

そのため、行ったことのない子どもには、「おじさんおばさん向けのデカイ銭湯のある場所」というイメージが強かったが、とんでもない話で、約36万平方メートルという埋め立て地に、温泉、遊覧飛行場、サーキット場、人工ビーチ、遊園地、果てはゴルフコースに人工スキー場。ここまで各種施設のあった超巨大レジャーランドは、後にも先にも、この『船橋ヘルス・センター』だけだろう。

きっかけは、千葉・船橋市の海岸埋め立て事業から
『船橋ヘルス・センター』誕生のきっかけは、千葉県船橋市が市の発展のために、昭和20年

あの伝説のCM，「長生きチョンパ」はこれだ！　作詞作曲は三木トリロー，唄は，当時のCMソングの女王，楠トシエ。（写真提供：株式会社ららぽーと）

代初頭から、海岸埋め立て事業に乗り出したことに始まる。ところが、当初の計画では11万余坪の埋め立てを行うはずであったのが、7千余坪まで埋め立てたところで資金が続かずに頓挫してしまった。

昨今の東京都内の天然温泉ブームでもわかるように、東京・船橋・千葉の地下一帯には、南関東ガス田と呼ばれる天然ガスと天然温泉が眠っている。それは戦時中の調査でなかば知られていたことで、船橋市も、この7千余坪の土地から天然ガスと温泉を見事掘り当てたのだが、悲しいかな財政難で、そのお宝を活用することができないでいたのである。

そこで登場するのが、この状況を打開するべく設立された「朝日土地興業株式会社」の社長となり、就任からわずか2年後には埋め立て事業を成功させ、『船橋ヘルス・センター』を作りあげた丹澤善利だ。丹澤善利は、1891年（明治24年）2月3日、山梨県の薬屋の息子として産まれた。19歳で家業を継いだ後、1914年（大正3年）には日蘭貿易を設立し、南洋貿易で大成功を収めていた人物で、1936年（昭和11年）の後楽園スタヂアムの創立にも名を連ね、のちに東京ディズニーランドの設立にも大きく関与した実業家である。

とはいえ、さしもの丹澤も、いきなり、巨大施設をいくつも造れたわけではなかった。

1955年（昭和30年）11月3日に開場した『船橋ヘルス・センター』は、108帖敷・約400名を収容できる本館大広間に巨大ローマ風呂と、本館温泉設備こそ立派なものだったが、遊園地の方は、遊動円木とすべり台の2つだけという寂しいものだったという。

しかし、入場券大人120円、子ども70円で、弁当の持ち込みOK、丸1日、天然温泉に入り放題、さらに舞台つき大広間では専属舞踏団による宝塚歌劇なみの無料アトラクションあり、食事をするにしても、お子さまランチ80円、ヘルス弁当80円。コーヒー1杯50円の時代にこの値段である。まさに「日本一大きい、日本一面白い、日本一安い、都心からわずか30分」をうたい文句にした『船橋ヘルス・センター』は、開場と同時に客で溢れ、あっという間に、一大レジャーランドとなっていくのである。

広大な敷地内に数々の大風呂、娯楽施設が目白押し
ガイドブックがなければ何ができるかわからない!?

その『船橋ヘルス・センター』が、いかに単なる巨大銭湯ではなかったかを文章で説明するのは難しい。その中に、中心施設である風呂だけでも、『船橋ヘルス・センター』の象徴

ともいえる「巨大ローマ風呂」をはじめ、大滝風呂、岩風呂、香水風呂、酵素風呂など大小合わせて30以上。回り舞台や本花道つきの1、500名を収容できるセンター大劇場のほか、七色の噴水に彩られた立体大パノラマ舞台など、舞台つきの大広間が8つ。そのほか貸し切り大広間や貸し切り小部屋を入れたら数知れず。

また、建物内にはこの他にも、ヤシの木やバナナ、ビンロー樹が茂り、熱帯魚水槽やワニ池まであったエキゾチックな喫茶パーク「南国サロン」や、オーシャンバー、理髪店、美容院などがあり、隣接して、結婚式場に使われた「二葉館」(両国の料亭、二葉を移築したもの)、豪商大倉喜八郎が贅を凝らして建築した「向島別邸」を移築した約80坪の貸し切り専用室の「長安殿」、本格中華料理レストランの中国館なども建てられた。この建物部分だけでも、約1万坪あったため、1961年(昭和36年)1月には、日本初の「動く道」ラバレーターが設置されている。

このラバレーターは、今でいう「動く歩道」に、靴下や足袋のまま、安全に乗ることができるように移動面にラバーを貼り付けたもので、座ったまま乗ることもできた。

一方、目を外に向けると、セスナ機による遊覧飛行場、ゴルフコース(2カ所。練習場には夜間照明も点いた)、人工スキー場のハイランドスキー場、1万名が収容できた観覧席つ

1955年（昭和30年）。白亜の温泉デパート，船橋ヘルス・センターの象徴，ローマ風呂。ちなみに，『ヘルス・センター』という名称は，船橋ヘルス・センターから全国に広まって使われるようになったが，いっとき，「ヘルス・センターという呼び方は保健所の名前と通じる」という理由から，使用差止めを食い，『船橋センター』と名乗っていた時代もあったとか。笑い話にもならないエピソードだ。（写真提供：株式会社ららぽーと）

きの大運動場（2カ所）、日本グランプリの開催にも耐えうる設備の船橋サーキット場などがあり、海では遊覧船快進丸や海賊船ガリバー号が就航、シーズンになると潮干狩りや海水浴、モーターボートや水上スキーなども楽しめた。

プールも、冬でも泳げる温泉プールや海水プール、淡水プールなど合わせて大小8個もあり、中でも、1965年（昭和40年）7月14日に開場した「ゴールデンビーチ」は、10万人が一度に泳げる世

日本で初めての「動く道」，「ラバレーター」。物珍しさも手伝って，わざわざ乗りに来る客も。床にはラバーが貼ってあり，足袋や靴下でも安心して乗ることができた。（写真提供：株式会社ららぽーと）

界最大の海水プールだった。

さらに、ヘルス・センターの建物の南側にあった大遊園地内には、空飛ぶ象、ジェットコースター型の探検ドライブ（宇宙・地底・海底のジオラマを見て回るライド式アトラクション）、メリーゴーランド、ゴーカート、宙返りロケット、人工衛星、飛行塔、4両編成の豆汽車しおかぜ号やべんけい号、回転ボート、大観覧車、ジェットコースター、キリンの大すべり台などが設置され、その周囲をぐるりと囲むように、モノレールが走っていた。

遊園地内には、イギリス、スイス、トルコ、ブラジル、インドネシア、フィリピン、ニュージーランドなど10カ国の民家を模して、そのまま再現した各国村も造られたが、これがいわゆるミニチュアではなく、各戸6畳から8畳のバス・トイレ付きの宿泊施設だったというから驚きである。

1959年（昭和34年）の遊覧飛行場。搭乗料１回1,000円。東京上空を一周した。（写真提供：株式会社ららぽーと）

1965年（昭和40年）７月17日〜1967年（昭和42年）７月16日まで開業していた『船橋サーキット』。当時，日本で自動車レースが行える会場は鈴鹿サーキットか富士スピードウェイくらいしかなく，『船橋サーキット』の誕生は大きな話題を呼んだ。開場日には，日本自動車連盟（JAF）主催の全日本自動車クラブ選手権自動車レース大会が開催され，翌18日の決勝には雨にもかかわらず，４万人の観衆が詰めかけた。船橋サーキットの設計者は，イタリアの名レーサー，P. タルフィー。（写真提供：株式会社ららぽーと）

1965年（昭和40年）７月14日にオープンしたゴールデンビーチ。総面積４万5,000平方メートル。10万人が一度に泳げたという世界最大の海水プール。強力な濾過装置で毎時7,000トンの海水を浄化した。一番深いところで1.5メートル。このゴールデンビーチでは，「ビッグスター オン ステージ」として，フォーリーブスや天地真理，フィンガー５，小柳ルミ子，キャンディーズなどのコンサートも開催された。（写真提供：株式会社ららぽーと）

約80坪あった室内遊戯施設内にも、ビックリハウスや自動木馬、ロボット射的などが置かれ、スマートボールなどのゲームセンターのほか、大人向けにビリヤード、卓球場、ミュージックホール（ダンスホール）なども併設された。

また、アイススケート場やローラースケート場のほか、センター前には、ボクシングジムもある「ヘルスセンター商店街」まで造られ、１９６２年（昭和37年）７月７日には、千葉県では初めてのボウリング場『船橋ボウリングセンター』もオープンした。

高さ25メートル，長さ100メートルの水の滑り台「大滝すべり」。時速50キロという滑降スピードに，途中で海水パンツが脱げてしまうというハプニングも。この「大滝すべり」は，冬には，人工スキー場「ハイランドスキー場（1962年（昭和37年）12月24日開場）」として使われた。滑走料は，２時間大人150円，子ども80円。追加30分ごとに大人30円，子ども20円。貸しスキーは２時間100円，追加は30分25円。スキーを付けた場合のリフト１回の使用料は15円だった。（写真提供：株式会社ららぽーと）

ここまでくれば、当然のことながら、温泉ホテルも完備され、町内会の旅行や社員旅行向けには、格安の宿泊施設「レストハウス」も用意された。もう、「これでもか！」という感じである。

当時のパンフレットの言葉がふるっている。「当船橋ヘルス・センターにご来場いただいても、３万平方メートル（約１万坪）に及ぶ広さが禍いして、どこに何があるのか、どこへ行けば何ができるのかわからずじまいになるというご不満を聞きますので、センター案内を目的にこのパンフレットを作りました」というのである。

そのパンフレット自体、カラー写真満載のA4サイズ15ページに及ぶもので、これはもう、パンフレットというよりガイドブックと呼んだ方がふさわしい。


歌謡ショーも始まり、市内は交通麻痺状態…

女性風呂は日本で初めて男性用と同じ広さに

こうした施設のほとんどは、昭和30年代前半に完成しており、レジャー施設もまだ少なかった時代、押すな押すなの大繁盛になるのも当然のことで、1960年代の最盛期には全国から毎年400~500万人の入場者が押し寄せた。

また、パノラマ舞台やセンター劇場では、三沢あけみ、こまどり姉妹、畠山みどり、北島三郎、村田英雄、都はるみ、島倉千代子、水前寺清子といった人気歌手の歌謡ショーが開催され、1965年（昭和40年）の正月に開催された「なつかしの歌謡大行進」には、『イヨマンテの夜』の伊藤久男、『野球小僧』の灰田勝彦、『リンゴの唄』の並木路子、ディック・ミネ、渡辺はま子らが顔をそろえ、観光バスが溢れかえり、自分が乗ってきたバスがどれだかわからなくなるという「バス迷子」の客が続出した。もう少し、時代が下ると、ドリフターズの『8時だヨ！ 全員集合』の収録も行われ、客は減るどころの騒ぎではなかった。

そのため、市内の交通は、ヘルス・センターに押し寄せる観光バスで完全に麻痺してしまい、船橋市内まで来ていながら、ヘルス・センターに到着するのに3時間から4時間もかかるという渋滞を生み出してしまった。

そこで、考えられたのが連絡船で、観光バスは、原木のインターから埋立地を廻って日の出桟橋に付けてもらい、あとは船でセンターのボート乗り場に接岸するという方法がとられた。船は決して豪華なものではなく、ハシケのようなものであったが、天幕やベンチなどで遊覧船の雰囲気を演出したので、人々は喜んで乗船したという。

また、『船橋ヘルス・センター』で特筆すべきは、女性風呂の革命だろう。現在でも、昔ながらの老舗旅館などへ行くと、男性風呂に比べて女性風呂の方が極端に狭いことがあるが、これは昭和30年代まで当たり前のことだった。男尊女卑ではないが、温泉地に遊びに行くのはほとんどが男性であり、女性は夫に連れられて、一生に1回か2回行く程度。つまり、温泉地では女性客は対象とされていなかったのである。

だが、『船橋ヘルス・センター』は、日帰りで行くことができる温泉地であり、ダンナが仕事で留守の間、女性同士で誘い合い、のんびり温泉につかることができる。

町内会の親睦会や社員旅行にも使われたため、女性客の利用は増える一方だった。

ところが、さすがの『船橋ヘルス・センター』も、旧弊な感覚のまま、女性風呂を狭く造ってしまったため、クレームが殺到した。戦後、強くなったのは女とパンストといわれたが、女性もしっかりモノをいうようになっていたのである。そこで、『船橋ヘルス・センター』では、浴場を新設する際は、必ず、男女同じ広さに造るように改めた。

今では、ほとんどの温泉施設が、男女の差のないように造られているが（というより、むしろ男性風呂より女性風呂の方が大きくて、キレイだったりするが）、その先鞭をつけたのは、『船橋ヘルス・センター』だったのである。

新しい日本のために…人々へのエールが込められた「明日のエネルギーを養う娯楽施設の殿堂」

しかし、それにしても気になるのは、なぜ、ここまで巨大なレジャーランドを造ろうとしたのか、だ。

『船橋ヘルス・センター』は自らを「白亜の大温泉アミューズメント・デパート」と呼んでいる。「ここに来れば熱海・箱根の温泉があり、銀座・浅草の娯楽施設があり、逗子・鎌倉の海岸があり、しかも、おとぎの国『ディズニーランド』に匹敵する大遊園地があるからです」と謳っている。それぞれの年齢に応じた施設があり、ここに来さえすれば、そのすべてを安い費用で利用できる仕組みだからだ。

昭和30年代から40年代初頭にかけては、高度成長の真っ盛りで、日本人はともかく働いた。戦後の日本を世界に恥じない経済大国にするために、身を粉にして働いたのである。

それでも、給料が決していいわけではなく、休みも今のような大型連休や週休2日制など考えられず、それこそ盆と正月がレジャータイムだった。そんな中で、船橋ヘルス・センターは、日帰りで、熱海・箱根、銀座・浅草、逗子・鎌倉の気分を味わい、大遊園地が楽しめた。

丹澤善利は、『船橋ヘルス・センター』を「明日のエネルギーを養う娯楽施設の殿堂」と語っている。その理想を「貧富の差別なく、皆が赤裸々な人間になって浮世の苦労を忘れ、慰め合い、いたわり合う天国のような雰囲気！」とも語っている。

つまり、『船橋ヘルス・センター』が、これだけ沢山の施設を1カ所にまとめ、安価で提供したのは、敗戦の衝撃から力強く立ち上がり、新しい日本を造りだそうと戦うすべての人々へのエールの思いが込められていたのである。

地盤沈下でガス井戸廃止

「天然温泉および天然ガスの汲み上げ禁止」で大打撃

だが、『船橋ヘルス・センター』の終焉は、意外なところからやってきた。

昭和30年代半ばから、東京湾岸では天然ガス開発が進み、活発に天然ガスの汲み上げが行われていたのだが、その結果、江東区や江戸川区、そして船橋市でも、地盤沈下が深刻になってしまったのである。そのため、千葉県では1972年（昭和47年）に、ガス井戸を廃止する方針を打ち出した。

と同時に、天然温泉を汲み上げている業者および施設から鉱業権を買い上げるという形で、実質的に天然温泉および天然ガスの汲み上げを禁止したのである。

これが、『船橋ヘルス・センター』にとっては大打撃となった。「天然温泉」がただの沸かし湯となってしまい、一挙に魅力が失せてしまったのである。

現在ならば、「遊園地やプールも完備したスーパー銭湯」として充分、やっていけたかもしれないが、当時はまだ、そういった受け入れ方が客側にできていなかった。

一方、『船橋ヘルス・センター』の周囲も、埋め立てや高速道路の建築で、急激な変化を見せていた。海は汚れ、海水浴や潮干狩りどころではなくなり、子どもたちに人気のあった遊覧海賊船「がりばあ号」も、東京湾環状道路建設のため海老川橋梁ができることになり、1971年（昭和46年）秋から運行ができなくなってしまった。海賊船のマストが、海老川橋梁に引っかかってしまうからである。

一世を風靡した一大レジャーランド、『船橋ヘルス・センター』は、1977年（昭和52

年）5月をもって閉鎖した。朝日土地興業株式会社も、閉鎖に先立つこと7年前の1970年（昭和45年）4月には、三井不動産株式会社と合併されていた。

その跡地は、日本初の大規模ショッピングセンター『ららぽーと』となったが、形は変わっても、庶民が食事に、ショッピングに楽しく時を過ごせる場として『船橋ヘルス・センター』の描いた意志を継ぎ、今なお発展を遂げている。1984年（昭和59年）9月には、社名も株式会社ららぽーとに変更された。

株式会社ららぽーと総務部の田中悠一さんによると、『船橋ヘルス・センター』閉鎖時には、すでに大規模ショッピングセンターの構想があったという。

興味深いのは、ゴルフコースのあった場所に、1993年（平成5年）、屋内人工スキー場『ららぽーとスキードーム・ザウス』が建設されたことだ。人工スキー場といえば、『船橋ヘルス・センター』内で人気を博したハイランドスキー場が思い浮かぶ。だが、この世界最大といわれた屋内人工スキー場も、2002年（平成14年）9月30日には閉鎖された。約10万平方メートルのザウス跡地は、2007年11月現在、大型家具店とマンションになっている。

第7章　星は永遠に輝き続ける　〜五島プラネタリウム

「文化会館の屋上に水族館を造って、クジラを泳がせろ。子どもたちが喜ぶぞ！」

東急総帥、五島慶太の言葉に、社員はのけぞった。

クジラ。クジラなんて飼えるのか？　しかもビルの上で。


時は1955年（昭和30年）。戦後10年が経っているとはいえ、当時の渋谷は、今のように若者たちが集まって、夜通し騒ぐなど、想像もつかない街だった。

「その頃の渋谷っていったら、そうね、住むには静かでいい場所でしたけど、渋谷は遊ぶとか仕事をするとかの対象ではありませんでしたね。あの当時の繁華街といえば、まず、銀座。私もそうでしたけど、みんな、銀座に行っていましたよ」

1954年（昭和29年）に山梨県から上京し、今でいえばセンター街あたりに下宿していたHさん（女性・70歳）は、当時を振り返って、そう語る。

各線が集結する巨大ターミナル駅渋谷

しかし、あの頃、街は今とは想像もつかない程地味だった…

渋谷は確かに大都市には違いなかった。戦前から、山手線・玉川電鉄・京王帝都電鉄井の頭線・地下鉄浅草線・東急東横線が集結する巨大ターミナル駅で、それは戦後も変わらず、1954年（昭和29年）の段階で、すでに乗降人員は1日約100万人にのぼっていた。戦時中の金属供出で姿を消した忠犬ハチ公の像も、1948年（昭和23年）に復活しており、渋谷駅には何よりも、戦災を免れた東横デパートが建っていた。

しかも、1950年（昭和25年）からは、山手線を眼下に東横デパートの屋上と玉電ビルの屋上とを往復する、全長75メートルの観光用ロープウェイ「ひばり号」が運行していて、これは残念ながら3年で運休してしまったが、渋谷の街を空中遊覧できるゴンドラは、子ども専用の小さなものではあったが、ガイドブックにも紹介されるほどの名物だった。

だが、いかんせん、街の雰囲気が地味だった。

道玄坂の商店街は、復興も早く、敷石も整備されたアーケード街にはなっていたが、扱う商品は布地や毛糸などが多く、恋人横丁も、生活用品を売る市場街という雰囲気だった。

それに引き換え、銀座はといえば、夜にもなれば1953年（昭和28年）の段階で、輝くネオンサインの洪水だった。9階建ての不二越ビルの屋上には総工費3千万円、当時、世界一大きなネオン広告塔といわれた通称「森永の地球儀」が設置され、銀座通りも晴海通りも、それに負けじとネオンサインが輝くビルが連なっていた。

銀座の魅力はそれだけではない。デパート、ダンスホール、喫茶店、映画館はもちろんのこと、モザイク大壁画で有名なビアホール「ライオン」はある、シャンソンの殿堂「銀巴里」はある、さらに1952年（昭和27年）には日本人で初めてミス・ユニバースで第3位を獲得した伊東絹子らが所属していた日本で最初のファッションモデルクラブ「東京ファッションモデルクラブ」が銀座8丁目に誕生し、それに伴い、ファッションデザイナーも続々と銀座で活躍するなど、何から何まで、流行の最先端を行っていた。Hさんのいうように、遊びも仕事も、当時の人々の目は、銀座に一直線に向かっていたのである。

地味な街を銀座に負けない魅力ある街へ
それには最新の文化施設を

この状態に、奮い立ったのが五島慶太だ。

もともと五島は、戦前から渋谷を事業主体としてとらえ、街作りを進めてきた。

ところが、戦後、公職追放令の対象者とされ、1951年（昭和26年）に公職追放解除となるまでは東急の経営から退かなければならなかった。つまり、1945年（昭和20年）5

月24日・25日の2度にわたっての空襲で焼け野原となった渋谷の復興に、五島は手を出したくても出せない状態だったのである。そこでまず五島は、何でもいいからほかの地区にはない、最新の文化施設を作ることを考えた。

人を呼ぶには何か目玉となるものがなければならない。

その1つが東急文化会館だったのである。ところが、1955年（昭和30年）8月22日、東急文化会館はようやく着工するのだが、実はこの段階でも、一番最初に名乗りを挙げた映画関係の施設以外、東急文化会館という建物の中に何を入れるのか、まったく決まっていなかった。そのため、世間からは「映画館だけで『文化会館』と名乗るなど笑わせる」と中傷もされた。そこで飛び出したのが、冒頭の「クジラ」だったのである。

しかし、どう頭をひねっても、海水を渋谷まで輸送する手立てが見つからなかった。

そもそも、屋上にクジラを泳がせられる程の水槽を置いても、ビクともしないような強度のある建物を造るなど、建築上、無理な話でもあった。

人工的な星を見る機械「プラネタリウム」ができるまで

ちょうどその頃…。東急文化会館の存在に注目して動き出した人々がいた。天文関係の学者や博物館関係者たちである。

戦前、日本には2つのプラネタリウムがあった。

1つは、1937年(昭和12年)3月13日に、大阪市西区の大阪市立電気科学館の中にできた「天象館」である。ここは東洋では最初にできたプラネタリウム施設で、少年期の手塚治虫や小説家の織田作之助が足繁く通うなど、大好評を博していた。

もう1つは、大阪の翌年、1938年(昭和13年)11月3日に東京有楽町の東日ビル内に完成した「東日天文館」である。入場料は軍人25銭、大人50銭、小人25銭。大阪同様、多くの人々が、頭上に輝く星空に、うっとりとため息をついては時間を忘れた。


話はそれるが、一般的にプラネタリウムと聞くと、「星座を投影する機械を設置した施設のこと」と思いがちだが、実は、プラネタリウムとはその「投影機」の名前で、正式名称は「カール・ツァイス・プラネタリウム」だ。

開発したのは、ドイツのカール・ツァイス社で、そのきっかけは「曇りの日も雨の日も、青少年に星の動きを説明できる機械が必要である!」という強い思いからだった。

星座投影機「プラネタリウム」がカール・ツァイス社の手で完成したのは、1923年(大正12年)のことで、プラネタリウムの語源は惑星という意味のPlanet(プラネット)からきている。大阪の『天象館』や、有楽町の『東日天文館』に収められたのは、このプラネタリウムをさらに改良したツァイスII型で、当時、プラネタリウムの価格は46万8、000円。輸送費なども加えると小学校を3校建設できるほどの高額のものだったという。

「宇宙はクジラより大きい」

「東京プラネタリウム設立促進懇話会」からの「嘆願書」

ところが、大阪の『天象館』は戦災を免れたが、東京の『東日天文館』は、渋谷が焼け野原となった翌日、5月26日の空襲で、ビルの8階の窓から焼夷弾が飛び込み、焼失してしまう。それ以来、東京にはプラネタリウム施設は存在しなかったのである。

一方、大阪では戦後まもなく『天象館』が再開されている。そのため、多くの在京の天文関係者にとって、「東京にもプラネタリウムを」というのは切なる願いだったのである。

そこに東急文化会館の建設である。しかも、中身はまだ決まっていないという話だ。まさに天から降ってきたチャンスである。国立科学博物館の朝比奈貞一と館長の岡田要が中心となって、早速、天文関係者への呼びかけが始まった。東急に話を持って行こうにも、個人単位では相手にされない。五島慶太に手紙を出すならば、しかるべく人物がそろった団体にしなければならないからだ。

やがて、茅誠司（日本学術会議会長）、萩原雄祐（東京天文台長）らの賛同も得て、「東京プラネタリウム設立促進懇話会」が結成される。あとは五島に手紙を出すだけだ。その彼らの夢の詰まったプラネタリウムの設置・建設を訴える、「手紙」というよりも、いわば「嘆願書」は、1955年（昭和30年）9月6日、五島慶太の手に届く。

果たして、五島はすぐに興味を示した。文化会館と名乗るには、その名に恥じない象徴的なものが必要だ。そこで思いついたのがクジラだったのだが、これはあえなく頓挫した。クジラに変わる大きなものは何か、雄大なものは何か。五島自身も昼夜模索していたのである。そこに、「宇宙はクジラより大きいですよ、プラネタリウムこそが、これからの子どもたちの科学教育にも欠かせない必要な施設ですよ」という願ってもない誘いである。五島にすれば目が覚める思いだった。この時に、また、面白いエピソードがある。設立促進懇話会のメンバーから宇宙の話を聞いた五島は、「星はクジラより、大きいよなぁ。宇宙には大きくて広大な夢がある。クジラなどといっていた自分はまだまだ小さいなぁ」と語ったというのだ。

実際、この後、五島はプラネタリウム設立に一番熱心であったという。

その証拠に、設立促進懇話会から手紙が届いたのが9月6日。その翌月の10月10日には、早くもカール・ツアイス社から、プラネタリウムを購入することを決定しているのである。

元五島プラネタリウムの解説員で、現在、渋谷区五島プラネタリウム天文資料の解説員をしている村松修さんによると、

「当時、プラネタリウムの価格は7千万円。大学初任給が1万円くらいの時代で、今の金額でいえば十数億円という金額でした。でも、五島さんは、『金には糸目をつけない。金のことは考えずに作ってくれ。日本を文化国家にしなければならないんだ』とドンと金を出したんです」。

しかも、ある意味、学者というのは怖いモノ知らずというか、それだけの金を出させておきながら、「東急の日銭稼ぎ事業じゃ困る。社会教育の施設なので、博物館法の適用を受ける独立の博物館にして欲しい」と、五島に申し入れたというのだ。その申し入れに対し、五島もまた、「では東急の直営ではなく、財団にしよう」と答えたというのだから凄い。

「つまり、五島慶太という人は、プラネタリウム施設を建てるだけ建てて、あとは丸ごと財団に寄付してくれたんですよ」と村松さんは語る。

こうしてすでにでき上がっていた東急文化会館の建築設計図を引き直し、動き出したプラネタリウム建設だったが、直径20メートル、高さ14メートルのドームは日本最大の規模で、まず、そこに難関があった。

当時の建物の高さは建築基準法で31メートルと決まっていたが、プラネタリウムのドームの一部が建築制限を越えてしまったのである。そのため、担当者は何度も建設省に足を運び、プラネタリウムの文化的意義を力説して、建築許可を得なければならなかった。

もう1つの難関は、プラネタリウム施設の名称だった。財団法人設立準備委員会では当然のことのように『五島プラネタリウム』という名称を考えていたが、肝心の五島が「わしゃ、恥ずかしいよ」といって受けてくれない。委員全員で「アメリカではプラネタリウムには皆、ドナーの名前がついている」と説得して、やっと「うん」と答えたというのだ。

このあたりのことは、財団法人天文博物館五島プラネタリウム発行の『五島プラネタリウム44年のあゆみ』の中に詳しいが、五島慶太といえば、それまで数々の会社を吸収合併し、その凄腕に名前をもじって「強盗慶太」とまで呼ばれた人物である。その五島が、財団の件といい、プラネタリウム施設の名称の件といい、意外な一面を見せたといってもいいエピソードだろう。

「国立科学博物館」も協力
プラネタリウムも到着して開館準備完了

もちろん、話を持ち込んだ設立促進懇話会側も、プラネタリウム設立には力を注いだ。

1955年（昭和30年），建設中の東急文化会館と五島プラネタリウム。（写真提供：渋谷区五島プラネタリウム天文資料）

何事もそうだが、ものごとを立ち上げるには、現場で動く人間が必要となる。

五島プラネタリウムの最後の館長となった村山定男は、当時、国立科学博物館員だったが、館長の岡田要から「科学博物館は文部省の管轄で、お金がなくて思うように展示もできない。だが、プラネタリウムは東急がやるといってくれているのだから、協力してあげなさい」といわれ、展示品から出版物の準備、さらにフロアの配置など、すべて図面の叩き台を作ったという。東急側もまたそのために力を惜しまず、博物館の仕事が終わる夕方5時になると黒塗りの車が上野の科学博物館まで迎えにやってきて、村山は毎日、東急が手配してくれたその車で渋谷のプラネタリウム準備室まで通ったという。

そうした共同作業がすんなりとできたのも、五島が設立準備委員会に終始自ら出席していたためで、いわば大先生たちの手足となって動いている村山の仕事ぶりも、五島はちゃんと目の中に入れていた。五島プラネタリウム初代館長に、五島は、一博物館員であった村山を指名するのである。

実はこれもできそうでできないことだ。通常であれば、できあがった施設に「箔」をつけるために、館長に高名な天文関係者を据えたいところだろう。だが、五島は「実」を取ったのである。ただ、この話は残念ながら、当の村山が「せっかく、博物館員になったんだから、絶対に科学博物館は辞めない！」と逃げ回ったことでお流れになった。そのため、元東京天文台の水野良平が学芸課長となり、その後、初代館長に天文学者で東京大学名誉教授の鏑木政岐が就任した。

2代目館長は東急の企画部長としてプラネタリウム設立に力を尽くした山本忍だったが、この人物も「村山さんが就任してくれるまでのピンチヒッターなら」という条件付きで館長職を引き受けたというのだから、当時のメンバーたちが、いかに村山定男に信頼を置いていたかが良くわかる。

やがて、東急文化会館も完成し、1957年（昭和32年）1月30日、西独から喜望峰回りという長旅でやってきた、カール・ツァイスⅣ型プラネタリウムの搬入が開始する。

開館は目の前である。音響のテストにはNHKの技術担当者が駆けつけ、解説の話し方も、NHKのアナウンサーOBに講習を受けた。

五島プラネタリウムが閉館するその日まで続けた「肉声による解説」と日の入り日の出時にクラシック音楽を流すという手法は、大阪の『天象館』でのやり方を受け継いだものだという。そしていよいよ、同年4月1日、五島プラネタリウムは開館する。

入館料は、大人・学生100円、小人50円。

それに先だって3月28日に行われた竣工式では、五島慶太と水野良平が点灯式を行った。

記念すべきその様子は、渋谷区五島プラネタリウム天文資料のHP（http://www.f-space.co.jp/shibuya-star/framemain.html）に掲載されているが、写真に写っている五島は、面はゆいような、それでいて初めての大仕事に立ち向かう時の、真剣な子どものような表情を浮かべている。

マスコミにも大きく取り上げられた五島プラネタリウムには、多くの客が押し寄せ、初年度の入館者数は74万人。夏休みは冷房も効かないほどの混み方で、地上8階建ての東急文化会館の、地下の階段まで客が並んだという。ホール内は満杯になり、仕方なく、ロビーの灯りを消してホールのドアをすべて開け、座れない客は立ち見状態で観てもらった。解説員も客をかき分けて、操作台まで進むという有様だったという。

財団法人となった五島プラネタリウムには、理事長の五島慶太以下、常務理事に、のちに2代目館長となる東急の山本忍、文部省事務官の伊藤日出登、前学士院院長の藤田良雄、元東京天文台台長の広瀬秀雄、初代館長となる東京大学名誉教授の鏑木政岐など壮そうたる顔ぶれが並んだが、彼らも単なる名前だけの理事ではなく、全員がプラネタリウム設立に力を注いだメンバーだった。

そのため、伊藤日出登などは、文部省事務官といういわばエリート役人でありながら、率先して案内係をつとめ、時には売店に立ったり、入口でキップのもぎりまで手伝ったりしていたという。学芸課長の水野良平も、風邪を引いていても星座の解説をしていれば治ってしまうというほどの熱心さで、そうしたエピソードのどれをとっても、五島プラネタリウムに関わった人々が、どれだけの情熱をこの施設に傾けていたかが伝わってくる。

1986年（昭和61年）１月に東急文化会館屋上で２日間，開催されたハレー彗星観望会の様子。76年ぶりにハレー彗星を観ることができるとあって，１日定員400名・計800名のところ，１万6,000名の応募者が殺到した。この観望会は天候にも恵まれ，参加者は大満足の面持ちで帰路についた。（写真提供：渋谷区五島プラネタリウム天文資料）

宇宙時代に欠かせない天文施設に成長
人工衛星第１号、人類初の月面着陸成功の実況も

その後、五島プラネタリウムは、まさに宇宙時代に欠かせない重要な天文施設としての役割を果たしていく。開館その年の11月27・28日には、早くも、ソ連が打ち上げに成功した世界初の人工衛星第1号を会館屋上で観望、１９５８年（昭和33年）には、太陽観測用の望遠鏡シーロスタットで日食の実況を公開。その他にもこまごまとあるが、何といってもハイライトは、１９６９年（昭和44年）７月21日の、アポロ11号人類初の月面着陸成功だろう。

この時、五島プラネタリウムはＮＨＫ

スタジオと並び、アメリカ・ヒューストンとを結んでの宇宙中継三元放送の拠点の1つとなり、この世紀の瞬間に大きな役割を果たしたのである。

もちろん、月面着陸の実況放送は五島プラネタリウムドーム内で無料公開されている。

館内の展示品も、年々増え、1970年（昭和45年）7月21日には、アポロ月面着陸船模型を新設、1972年（昭和47年）12月22日には、雲、天頂目盛、時角目盛投影機、太陽系絵図などを新設。日本の星コーナー、歴史上の人物写真コーナー、江戸時代天文資料コーナーなども作り、太陽と地球と月がそれぞれ関係しあっている様子を示す三球儀も新しくした。また、1986年（昭和61年）1月6日・7日に会館屋上で開催されたハレー彗星観望会には、76年ぶりにハレー彗星を観ることができるとあって、1日定員400名、計800名のところ、1万6，000名の応募者が殺到した。

日本にたくさんプラネタリウム施設が…
役目を終えて20世紀の終わりとともに閉館へ

だが、一時は修学旅行のコースとなる程人気があった五島プラネタリウムにも別れの時がやってきた。

1つは、日本各地に五島プラネタリウムをモデルにしたプラネタリウム施設ができたことだ。国産のプラネタリウムも製造されるようになり、2001年（平成13年）には、日本国内に約350館ものプラネタリウム施設が存在していた。星好きの人々は、五島プラネタリウムまで足を運ばなくても、近場でプラネタリウムと触れ合うことができるようになったのだ。五島プラネタリウム自体の入館者数は長い間、平均して30万人ほどあったが、各地にプラネタリウム施設が増えるに従い、平成に入ってからは10万人台に落ち込んでいた。

皮肉なことだが、これもまた、五島プラネタリウムの功績だった。

もう1つは、東急文化会館自体の老朽化と100年に1回ともいわれる渋谷駅一帯の再開発である。特に東口では、東横線と営団13号線の相互直通運転に向け、東急文化会館の敷地が「渋谷駅～代官山駅間地下化工事」の工事ヤード（作業基地）として使われることになり、家主である東急文化会館自体がどかざるを得なくなったのである。

では、その五島プラネタリウムの経営状態はどうだったのか。

五島プラネタリウムは、開館時から独立採算で経営された。

「しかし」と、前出の村松さんはいう。

「財団法人でしたからね。収入は入館料だけなんです。でも、家賃や職員の給料を払い、さらに施設を維持するためには機械や座席のオーバーホールも必要でしたし、身障者用にスロープやトイレなどを改修したりと、何かと費用がかかる。そのため、閉館数年前には赤字になっていました。実はその赤字分はずっと東急電鉄さんが補填してくれていたんです。『今年はこれだけお金が必要です』というと、何もいわずに、毎年数千万円ものお金を寄付してくれていた。でも、口は一切、出しませんでした。運営は天文学の先生方に完全に一任してくれていたんです。普通だったら考えられないですよね」

だから、単純に資金的な問題だけならば、五島プラネタリウムは続いていたかもしれないと、村松さんはいう。だが、肝心のプラネタリウム投影機が限界に来ていた。

「投影機も44年間、ずっと頑張ってきましたからね。耐久性が限度を超えていたんです。修理をしたくても、もう本社にも部品がないという状態で、これ以上プラネタリウムを続けるとなると、新しい投影機を買わなければならない。そうすると、6億円くらいの金が必要になる。見渡してみれば、周囲にはたくさんプラネタリウム施設ができたことだし、ここらが潮時ではないかという話が理事の中から出て、東急さんの方に、『1999年で五島プラネタリウムを閉館します』と伝えたんです」

ところが、驚いたことに東急側から「待った」がかかった。

「せっかくですから、20世紀が終わるとともに閉めましょうっていうんです。それで、

『来館してくださった1、500万人の方々のために1年間、お別れ投影会をやりましょう』と。それならと我々もその気になって、定年退職した昔の学芸員を呼び戻したりしてイベントを行いながら、最後の1年を過ごしたんです。この1年間には日本全国からお客様が見えました。『たまたま出張で東京に来ていたから』という方や、初デートでプラネタリウムに来て、それがきっかけで結婚したというご夫婦が子どもさんを連れてみえたり…。五島プラネタリウムは人の一生にも関係していたんだなぁとつくづく思いました」（村松さん）

プラネタリウムの遺産は渋谷区へ

いつの日か『科学センター』で70年代の東京へタイムスリップ！

それにしても、数千万円の金を黙って「ハイハイ」と出し続け、当の本体が辞めるというのをさらに1年間引き延ばした東急電鉄という会社は、いったい何なのだろう？

村松さんはいう。

「電鉄会社ですから、景気に作用されにくいという点もあったとは思うんですが…。あとは国立天文台の方から東大の先生方まで、日本の天文学の最高峰と呼ばれる方々が学芸員として参加してくださっていて、毎月1回開かれる定例学芸会議には全員が欠かさず顔をそろえてくださっていたんです。この方々はまったくの無給です。でも、五島プラネタリウムのためならと、来てくださる。だからこそ、東急さんも黙ってお金を出してくれていたんだと思います。でも、何よりも一番は、長いスパンでものを観ることができた戦後経済人の凄さだと思うんですね。五島さんは、次の世代を担う若い世代にどうしたら夢を与えられるのかを常に考えていましたから。子どもや若者がのびのびと生きていける世界を作らなければならない、と。そうした考えが五島慶太さん亡き後も、ちゃんと東急電鉄に引き継がれていた。なかなかできないことだと思いますよ」

現在、五島プラネタリウムの財産は、すべて、渋谷区が保管している。

五島プラネタリウム閉館の話を耳にした、当時の小倉基区長が「ハチ公とプラネタリウムは渋谷のシンボルなので、できれば渋谷区として一括して保管したい」と文部省に許可を願い出たのである。

これは財団側としても願ってもないことだった。44年間の間には、天文学者からの貴重な寄贈品も多く、閉館したからといってあっさり売るのは気持ちとして許せなかった。全国の科学館に形見分けという形で寄贈するという案も出たが、そうすると、せっかくの資料が四散してしまうことになる。いったん、四散した資料は、いつかは行方知れずになる可能性が高い。それをまとめて引き受けてもらえるとなればありがたい話である。また、財団の財産は、しかるべき自治体に寄贈すれば税法上の問題もない。

かくして、財団法人天文博物館五島プラネタリウムは解散し、『渋谷区五島プラネタリウム天文資料』として生まれ変わり、とりあえずは渋谷区桜ヶ丘の旧大和田小学校を利用した『渋谷区ケアコミュニティ・桜が丘』に設置・保管されることになった。

そのため、『渋谷区五島プラネタリウム天文資料』の所管は、高齢者福祉課だったのだ。

そして２００４年（平成16年）春、桑原敏武渋谷区長は、総合的な青少年育成事業の一環として、『渋谷区ケアコミュニティ・桜が丘』を建て替え、プラネタリウムも含めた科学センターを作りたいという議会表明を行った。そしてその表明通り、プラネタリウムは２０１０年11月21日、在りし日のドーム型をモチーフとしたビルデザインの中に『コスモプラネタリウム渋谷』として帰ってきた。今回のプラネタリウムの投影機は国産のコニカミノルタ製。ドーム時代、44年間頑張ってきたカール・ツァイス製の投影機は、ビル2階に堂々と飾られている。

また、東急文化会館の五島プラネタリウム時代、ホールの下部に設置されていた影絵は、１９７０年（昭和45年）の東京の景色をそのまま写し取ったもので、平成になっても、わざと新しくは作り直さなかったというのである。この影絵は解体されて、今もきちんと保管されている。

44年間，頑張って星空を映し続けた投影機，カール・ツァイスIV型プラネタリウム。IV型の第1号機であったこの投影機には当時のドイツの技術者たちが記念として担当部分にサインを入れていた。我が子のような存在であったに違いない(写真提供：渋谷区五島プラネタリウム天文資料)。

ということは、いつか『コスモプラネタリウム渋谷』での映写の時に、何かのきっかけでその影絵が使われるかもしれない。げんに『コスモプラネタリウム渋谷』のHPの下部にはまるでその影絵のようなイラストがほどこされている。だとすると、我々は、いつか、1970年（昭和45年）の東京にタイムスリップして星空を見上げることができるのかもしれない。

さあ、アナタは昭和45年、何をしていましたか？

第8章　温泉プラスも踏みとどまれず　～小山ゆうえんち

2005年（平成17年）2月。ついに小山ゆうえんちが閉園した。

ダメか、踏ん張れるかといわれ続け、それでも温泉湧出で、ようやく安泰かと思った矢先、母体であった「思川観光株式会社」の売却が決定。同時に、小山ゆうえんちの閉園も決まってしまった。小山ゆうえんちといえば、「小山ゆうえんち～」というCMが自然と出てくるほど、馴染み深い遊園地だったが、あのCMも、もう聞くことはできない。

鉄道会社でも新聞社でもなく、一個人が創設した遊園地

小山ゆうえんちは、1960年（昭和35年）5月15日に、林卯吉郎なる人物によって、『花の楽園』として仮開園した。鉄道会社を持っていたわけでも新聞社を持っていたわけでもない、一個人が創設した遊園地だ。

敷地面積は、約10万平方メートル。

2004年（平成16年）の小山ゆうえんち入口。春は100本以上の桜が咲き誇り，夏はプールとキャンプ場，秋は1,000鉢以上の菊が並ぶ菊花展が開催され，冬はイチゴ狩りが楽しめた。天然温泉もできて一大レジャーランドは健在！　と思ったのだが。

開園当初の小山ゆうえんちは、ツツジやバラ、アヤメなどが咲き乱れ、まさに「花の楽園」というキャッチフレーズに恥じない大庭園で、園内には驚くべきことにモノレールまであったという。

日本初の常設モノレールは、１９５７年（昭和32年）10月14日、上野動物園内で開業した懸垂式モノレールで、一方、日本初の跨座式モノレールは、１９６２年（昭和37年）年3月21日に開通した名鉄犬山線犬山遊園〜動物園間を結ぶ名古屋鉄道モンキーパーク線だ。

なので、小山ゆうえんち開園と同時に設置されたモノレールは、上野動物園形式の、アームによってぶら下がる懸垂式モノレールであったであろうことは想像がつく。

しかし、である。再度いうが、小山ゆうえんちは決して大資本企業が開園した遊園地ではない。あの頃、すでに開業していたあの向ヶ丘遊園でさえ、モノレールを導入したのは1966年（昭和41年）のことなのだ。それを考えると、当時、日本でもかなり珍しいものであったはずのモノレールを、自費で設置してしまった林卯吉郎とは、一体、何者だったのだろうかと考えてしまう。

しかも、小山ゆうえんちは、この後、1962年（昭和37年）にはスカイバケットほか、小・中型の遊戯施設を導入するが、その段階でもまだ個人経営で、小山ゆうえんちが有限会社小山遊園地となるのは、1964年（昭和39年）8月になってからのことなのだ。

つまり、開園から4年間は会社組織でさえなかったのである。

残念ながら、小山ゆうえんちは過去にも一度倒産し、経営者もすべて入れ替わってしまったため、小山ゆうえんち内でも、創業者林卯吉郎がどんな人物であったのか、今では知る人も資料もない。小山市史、小山市商工会議所、小山市役所なども当たったが、林一族が、今、どこにいるのかさえ、まったくわからないという。

しかし、創業者が誰であれ、当時、行楽といえば、日光や鬼怒川まで足を運ばなければならなかった小山市民にとって、気軽に行くことができる小山ゆうえんちの誕生は、拍手をもって迎えられた。

林卯吉郎も、その辺りのことは充分考慮していたのだろう。大庭園・モノレールという豪勢な園内で、彼は開園にあたっておよそミスマッチとも思える素人のど自慢大会を開催するのだ。

予選から始まり、決勝戦へと開園から丸半月もかけて開かれたこののど自慢大会には、賞金やラジオなど優勝商品も用意されるとあって、県内外からも参加者が集い、大いに客を湧かせたという。いかにも地域密着型の、のどかな光景がそこにある。

世界初の複線式ジェットコースター導入、「庭園」から「遊園地」へ
当時の大人気ドラマ『キーハンター』のロケ地にも

さて、会社組織となった小山ゆうえんちは、1965年（昭和40年）11月には屋内アイススケート場を完成させ、その翌年には、プール、ボウリング場なども開業していく。

遊戯施設も、スリラーカーをはじめ、1966年（昭和41年）7月には世界初の複線式ジェットコースターを導入するなど、次第に「庭園」から「遊園地」へと形態を変貌させていく。

会社組織となった以上、収益を見込める遊戯施設に力が入るのは当然のことで、また一方

『夢地獄体験館』。大いたち，へび女の看板がいかにもおどろおどろしい昔ながらのお化け屋敷。海洋水族館跡を利用して作られていたため，一種独特の廃屋の雰囲気が……。１人で入るには実はかなり勇気がいった。

で、この地を単なる遊園地としてだけではなく、一大レジャー施設として展開していこうという目論見が、すでにこの時、あったのだろう。

そんな中、１９６７年（昭和42年）２月に林卯吉郎が急逝し、2代目社長に林健太郎が就任する。小山ゆうえんちが大きく発展していくのは、この2代目社長、林健太郎の手腕によるところが大きい。

林健太郎は、この後、メリーゴーランド、周遊列車、１２０メートルの展望タワー、アマゾン下り、観覧車といった、その後も小山ゆうえんちで人気を博してきた施設を昭和47年までの間に次々と導入し、地方遊園地ながらも、都心部にも劣らぬ大型遊戯施設を持った大規模レジャーランドへと小山ゆうえんちを造りあげていく。

この頃には千葉真一や野際陽子主演の大人気ドラマ『キーハンター』などのロケにも使われ、小山ゆうえんちの名前は関東圏にとどまらず、全国区へとなっていった。

あの有名なCMソングがお茶の間に流れ出したのも、このあたりからだろう。

やがて昭和50年代に入ると、小山ゆうえんちは昭和博覧会、のりもの博覧会など大型催事も開催し、1981年（昭和56年）には、アメリカの老舗遊園地ナッツベリーファーム、兼松工商などと提携し、外部レジャー企画開発分野にも乗り出していく。地元密着型の個人遊園地として始まった小山ゆうえんちは、海外事業まで手がける一大企業へと成長を遂げるのである。

バブル崩壊後、母体の思川観光株式会社が倒産

「ゆうえんちは繁盛している…」ように見えたのだが…

しかし、バブル崩壊の波は小山ゆうえんちにも重大な影響を及ぼした。1992年（平成4年）、小山ゆうえんちを運営していた思川観光株式会社が倒産してしまうのである。

思川観光株式会社は、もとは有限会社小山遊園地が1965年（昭和40年）に『ヘルスセ

ンター部門』の別会社として設立した会社なのだが、面白いことに、1970年（昭和45年）7月には、産みの親である有限会社小山遊園地が、この思川観光株式会社に吸収合併されてしまう。かと思えば、1986年（昭和61年）には、遊園地業務を専担させるために株式会社小山ゆうえんちを設立するなど、出たり入ったり、くっついたり離れたりの関係で、思川観光株式会社が倒産した時点では親会社・子会社の関係であったらしい。

では、この思川観光倒産当時、小山ゆうえんちの様子はどうだったのかというと「ゆうえんちは繁盛しているように見えましたよ。家族連れでけっこう賑わっていたし、みんなお弁当持ってピクニックがてら行ったりね。倒産なんて思いもしなかった」と地元の人は話す。

この頃、小山ゆうえんち内には、人工海水を使った小山海洋水族館もあり、貴重なアルダブラゾウガメを飼育していたり、ペンギンの餌付け体験もできるとあって、海のない栃木県では海を身近に感じられる唯一の海洋水族館として多大な注目を集めていたのである。

いわば市民にとっては寝耳に水の倒産騒動だったのである。

ダイエーをバックに再スタート
横浜ドリームランドから美しいメリーゴーランドも移送

倒産した思川観光株式会社は、会社更生法の手続きを申し立て、1994年（平成6年）

からはダイエー支援のもと、更生会社としてスタートする。しかし、小山ゆうえんちは思川観光倒産のあおりを受け、1996年（平成8年）に、ついに閉園状態に追い込まれる。

だが、完全閉園というわけではなく、ゴールデンウィークや正月は営業をしていた。市民の要望もあり、まさに小山ゆうえんちは最大の危機をスタッフ全員で踏ん張ったのである。

その成果が実り、小山ゆうえんちは2000年（平成12年）にリニューアルオープンすることとなる。残念ながら、海洋水族館は1998年（平成10年）12月末で閉館となったが、ゆうえんち自体はともかくも、長い歴史の火を消さずに済んだのである。

だが、ここで疑問が生まれる。なぜ、小山ゆうえんちの事業スポンサーとして、ダイエーが登場するのか。実は一見、不思議に思えるが、1979年（昭和54年）4月に思川観光が敷地内にショッパーズシティを完成させたとき、キーテナントとなったのがダイエーだったのである。

ダイエーといえば、横浜ドリームランドの経営も肩代わりしたことで知られているが、小山ゆうえんち事業本部営業企画課室長だった加藤健二さんは「中内社長は遊園地が大好きだったんですよ」と振り返る。

ダイエーは、その後、2002年（平成14年）1月28日に、思川観光株式会社への事業スポンサーを辞退するが、閉園となった横浜ドリームランドから、2層式のメリーゴーランド

横浜ドリームランドからやってきたフランス製2層式メリーゴーランド。内部に施された絵はフランスの職人が手で描いたもので，現在，購入するとなると億単位になるという芸術品。

を小山ゆうえんちに移すなど、その後もその遺産をきっちりと活かした。加藤さんも横浜ドリームランドから移籍したスタッフだった。このとき、一部の口さがない人々は、「小山ゆうえんちは人も機械もドリームランドの廃物利用」などと陰口を叩いたが、それは「遊園地」というものに対する「思い入れ」のわからない、いわばハートのない意見である。

現に、ドリームランドを愛した「ドリランファン」は、このメリーゴーランド会いたさに、小山市まで足を運んだし、また、小山市民も、フランスの職人が手描きで絵を施したという芸術作品とも呼べる美しいメリーゴーランドを、横浜ドリームランドからの嬉しい贈り物として受け止めた。

生命を持つのは、人も機械も一緒なのである。

「遊園地」から「天然温泉施設」へ 時代の流れを受け止めて

だが、ここで小山ゆうえんちの復活劇は終わっていない。

リニューアルオープンしたとはいえ、そのほとんどは、園内広場の整備やアトラクションの塗装替えなど手作りでの再建であり、大型機械の新規導入は望めない。

そこで、思川観光株式会社がひねり出したのが、「天然温泉施設」構想である。

前述したように、思川観光株式会社は、小山ゆうえんちのヘルスセンター部門として産まれた会社だ。つまり、小山ゆうえんちには、入浴施設のノウハウが元からあったのである。

しかも、1985年（昭和60年）3月には、ヘルスセンターをニューラドン温泉として改造するなど、積極的に時代の流れを取り入れている。一方で、栃木県は多数の天然温泉が湧出する温泉県だ。折しも、日本各地では健康ランドや天然温泉を利用したクアハウスが、年間を通じて利用客を呼べる、収益的にも安定した施設として話題を呼んでいた。

小山市は、毎年、12月から3月まで厳しい寒さに見舞われる。そのため、どうしてもゆうえんちへの出足は鈍くなる。だが、天然温泉が湧出すれば、年間を通じて利用客を見込むことができる。「天然温泉施設」構想は、決して無謀な構想ではなかった。

試験掘りは、小山ゆうえんちの敷地北側で始まった。その結果、2001年（平成13年）10月下旬、地下1、500メートルで見事に湯脈を掘り当てたのである。加藤さんの話では「2本掘ってダメで、3本目に掘り当てたらしいですよ」ということだが、思川観光にしても社運をかけたプロジェクトである。実際に温泉を掘り当てるまではヒヤヒヤものであっただろう。

狙いは当たり、2002年（平成14年）8月8日にオープンした『小山温泉　思川』は、小山市民の注目を集め、上々の滑り出しを見せる。一昔前だったら、高級旅館でしか味わえない眺望豊かな大露天風呂や、デザインがユニークな信楽焼の壷風呂、さらに開放感あふれるハーブを使ったフィンランド式サウナや中庭に造られた足湯など、現代女性が求める「癒し」の空間が人気を呼び、年輩客ばかりではなく、県外からも女性客が訪れる、小山市の新名所となったのである。

この『小山温泉　思川』の成功は入場者不足に悩む全国の遊園地にとっても、現状打開へ

プール横で見つけた横浜ドリームランドのキャラクター，ドリちゃん。取材時は，思わず，「お前，ここにもいたのか」と声をかけたものだが…。

の大きな朗報となった。東京都心部での『豊島園庭の湯』や『東京ドーム天然温泉　SpaLaQua（スパラクーア）』といった遊園地併設型温泉施設ブームは、この『小山温泉　思川』がきっかけともいえるのである。

だが、それもつかの間、２００５年（平成17年）２月28日をもって、思川観光株式会社は、株式会社ヨークベニマルに営業のすべてを売却することになった。

小山ゆうえんちというブランド名は「株式会社小山ゆうえんち」として残し、温泉施設とボウリング場はそのまま続けることとなったが、肝心の小山ゆうえんちは閉園が決定した。

この原稿のための取材日、天候に恵まれた空の下で、わんぱく芝生広場では家族連れが弁当をひろげ、スカイサイクルには祖父と孫という組み合わせで、笑いながら一生懸命ペダルを漕いでいたあの姿は、もう見られない。

そして、2007年（平成19年）11月現在、小山ゆうえんち跡地は、大型商業施設『おやまゆうえんハーヴェストウォーク』と生まれ変わった。

と、ここで一番、気になるのは、横浜ドリームランドから来た、あのメリーゴーランドの行く末である。メリーゴーランドファンの方、ご安心を。

小山ゆうえんち売却当時、ヨークベニマルの社長室広報担当者が、

「メリーゴーランドの芸術的価値の高さは、役員も重々、承知しております。残すかどうかは別として、決しておろそかな扱いはしないよう、心得ております」

と答えてくれたとおり、今でも施設内に、メリーゴーランドとコーヒーカップはちゃんと残されている。しかも、それぞれ、『メリーゴーランドプラザ』、『コーヒーカッププラザ』と名前までつけてもらって。

ちなみに、あの有名なCMソングを作曲したのは、「出前一丁」、「日清焼きそば」、「有馬兵衛の向陽閣」、「かに道楽」などのCMソングも手がけたキダ・タロー。レコード化もされている。

第9章　新幹線型もあった！　〜上野動物園『おサル電車』

昭和30年代、日本全国、どこの遊園地でも、子供を乗せて走る豆電車は、「お猿の電車」という愛称で呼ばれていた。

猿が乗っていなくても、猿が運転するような可愛らしい豆電車。今でも、2両編成くらいのローカル線を称して、「まるでお猿の電車のような」という表現をする人もいる。

この「お猿の電車」という呼び名のもとは、いうまでもないが、上野動物園で、実際に猿が運転していた『おサル電車』のことだ。

痛ましい歴史と終戦後の「子どもたちへの贈り物企画」

上野動物園で、『おサル電車』が公式に開通したのは、1948年（昭和23年）10月10日。戦後まもなくのことである。

戦時中、これは何度聞いても、痛ましい話だが、1943年（昭和18年）8月、上野動物

1948年（昭和23年）９月６日。お披露目もかねて行われた『おサル電車』試運転の様子。運転手のチーちゃんが握るハンドルの横に，小さくロボットが置かれている。（写真提供：財団法人東京動物園協会）

園では猛獣処分が実施された。これは、日本本土への空襲の激化を予想した当時の東京都長官・大達茂雄の発令によるもので、大達は、本土空襲で猛獣が市中に逃げ出し、都民がパニック状態に陥るのを大変恐れたという。

当時、軍は国民に対して「太平洋戦争は勝ち戦」と報じていたが、現に1942年（昭和17年）4月18日にはアメリカ軍による日本本土への初空襲が行われており、長官就任前に、日本占領下のシンガポールで市長を務めていた大達は、太平洋戦争の実態が、実はそんな生やさしいものではないと感じていたのである。猛獣対象となったのは、クマやライオンなど14種27頭で、この中には、野生の仔ヒョウと兵隊たちとの交流を描いた『豹と兵隊』（成岡正久著）に登場するヒョウの「八紘」や、ゾウの花子やトンキーなども含まれていた。

もちろん、猛獣処分発令当時、上野動物園の飼育員たちが唯諾々とこの命令に従ったわけではない。もともと、動物が好きで好きでたまらないがために飼育員になった人々である。ゾウたちには、餓死という手段が選ばれたが、隠れて餌をやり続けたり、内密で、他の地方動物園へ疎開させようという手段まで講じたりした。誰もが、戦争が終わるまで、何とか動物を隠してでも生き延びさせようと必死だったのである。

だが、そうした作戦も未遂に終わり、結局、子どもたちの人気者だったゾウたちも、9月

23日のトンキーの絶命を最後に上野動物園から姿を消した。その結果、終戦時、上野動物園には核となる動物たちがほとんどいなくなってしまったのである。

そこで、上野動物園では、終戦後、せっかく来園しても本物のライオンやゾウなどを見ることができない子どもたちのために、動物のドキュメンタリー映画などを上映する「かもしか座」を設置したり、小動物を集めた「子ども動物園」などを開いたり、その時点での上野動物園でできる限りの復興策を実施した。『おサル電車』も、「かもしか座」や「子ども動物園」に続き、戦争で、子どもたちに見せるものがなくなってしまった上野動物園からの、いわば、子どもたちへの贈り物企画として登場したのである。

ロボットではなく、ほんもののサルで…発案は動物園関係者

きっかけは都立工芸高校の相沢次郎が持ち込んだロボット電車だった。相沢は財団法人東京動物園協会を通して、上野動物園内にロボットが運転する子供向けの電車を走らせたいと申し込んできたのである。だが、上野動物園は遊園地ではない。園側としては、動物とは関わりのない遊戯施設であるロボット電車の持ち込みには反対だった。そこで、当時の古賀忠道園長以下、もろもろ協議した末、動物が運転する電車ならば持ち込んでも良いという話になり、『おサル電車』が誕生したのである。のちに、『おサル電車』は、大阪万博などでロ

ボット研究家として有名になる、この相沢次郎の発明といわれたが、正しくは電車の部分は相沢でもサルに運転をさせるという発案は動物園関係者によるものなのである。

さて、初代運転手に選ばれたのは子ども動物園にいたメスのカニクイザルで、調教は林寿郎企画係長が担当した。このサルは、「紐をほどくのが得意で、ある時は収容されていた箱の戸を縛っていた紐をほどいて、詰所のいろり端の飼育の人たちの車座に割り込んできて、火に手をかざしていた（『もうひとつの上野動物園史』小森厚著）」というほど器用で頭のいいサルだった。

現在、京都大学霊長類研究所では、チンパンジーに文字を覚えさせるなど、サルの言語理解能力や行動能力の研究が行われているが、『上野動物園百年史』に引用されている『私の動物記』（古賀忠道著）によると、実は、この『おサル電車』にも、子どもたちへの贈り物という一面のほかに、一種の動物心理学の実験とサルの知能を観客に披露するという、２つの目的があったらしい。

そのため、当初の計画ではサルは人間と同様、色を識別できるので、赤と青の信号をつけ、それに従って、サルが運転できるところまで持っていこうと考えられていたという。また、サル自身も実際に運転を開始すると思いもよらぬ行動に出て、飼育員を苦笑させた。

『おサル電車』が走ってくると、観客がエサを投げ与える。運転手のサルは、電車を停めて、線路脇に落ちたエサを拾う。飼育員がハンドルから手を離してはダメだと叱ると、今度は手を伸ばしてエサを拾いながら、ハンドルの方は足で運転するという曲芸まがいのことをやり始めた。このアクロバティックなエサ拾いは観客の喝采を浴びたが、まさに、サルの行動進化の証明でもあったのである。

本当にサルが運転している!

運転手の「チーちゃん」大人気

この初代『おサル電車』は、恩賜上野動物園編『上野動物園百年史』によると、1周35メートル、6人乗りの客車を3両引くもので、1回2周で料金が3円だった。

新聞にも大々的に取り扱われたことから大人気となり、運転手のカニクイザルの名前も公募で「チーちゃん」と決まり、子どもたちのアイドルとなった。

電車の仕組みは、サルがハンドルを引くと電車が走り出し、サルがハンドルを離すと、ハンドルについたバネが元に戻って電車が止まるというもので、客は、サルがエサを拾うためにハンドルを離すたびに電車も停まるため、そこで初めて、本当にサルが運転しているということを知って驚いたという。「チーちゃん」の人気はうなぎ登りで、冬になると、チャンチャンコや毛糸で作った手編みの尻尾袋などが全国から贈られた。

その人気ぶりから『おサル電車』は1949年（昭和24年）、園内の拡張に伴い、場所も移動し、規模も1周100メートル、15人乗りの客車を4両引くという大型電車になり、料金も1回2周で5円となった。初代の『おサル電車』は、財団法人東京動物園協会が、相沢次郎からロボット電車一式を借りて設置・運営をしたが、2代目『おサル電車』からは、完全に相沢の手から離れ、別の大型電車が導入された。

大きな理由は、公の場である上野動物園内に個人である相沢との間に利権が生じるのを防ぐためだったが、実際のところ、ロボット電車自体、故障がひんぱんであったらしい。

人気運転手であったチーちゃんも生き物であるから、1日中運転していたのでは疲れてしまうし、飽きてもくる。そこでチーちゃんが何周か運転したあとは相沢が考案したロボットが電車を運転したのだが、これが故障続きで、終いにはロボットでの運行は取り止め、その代わり、チーちゃんの休憩中は駅舎に設置したコントローラーで電車を運行したという。

この2代目『おサル電車』からは、運転手も増員され、アカゲザルとタイワンザルの一代雑種である「次郎」、日本ザルの「アカオ」と「ハチ」が新たな運転手として加わった。

チーちゃんを含めて、計4匹は、1日1～2時間交代で、「ピーポッポ、ピーポッポ」で

1949年（昭和24年），リニューアルされた大型電車。運転手は，ハチかアカオのどちらか。ハンドルを握る姿は意欲満々。颯爽と凛々しい。（写真提供：財団法人東京動物園協会）

始まる音楽に乗って、意気揚々と運転を行い、人気はますます高まったという。

しかし、この人気のために、収益も上がり、その結果、1950年（昭和25年）4月1日から『おサル電車』の運営は、財団法人東京動物園協会から、東京都の直営となってしまう。

「大人も乗せて！」のリクエスト
客のワガママから、サルは座るだけの飾り物に

東京都の直営となってからのち、『おサル電車』も形態が変わってしまった。

初代も2代目も、『おサル電車』の乗客は子どもだけを対象としたもので、大人を乗せるようには設計されていなかった。そのため、親の同伴がなければ危険な3歳未満の幼児は『おサル電車』には乗ることができなかった。ところが、『おサル電車』に乗りたいとせが

む我が子かわいさに、3歳未満の幼児を持つ親たちが、「大人も同伴で乗れるようにしろ」とワガママをいい出し、とうとう大人も『おサル電車』に乗せることになってしまったのである。だが、前述したとおり、電車は大人向けには作られていない。明らかに重量オーバーで、バッテリーが上がり、電車本体が悲鳴をあげてしまった。

また、いくら訓練されているとはいえ、そこはサルなので、気ままにハンドルを操作しては電車を停めたり動かしたりする。本来ならば、それが『おサル電車』の面白さでもあったのだが、しょっちゅうオン・オフを繰り返すサルの運転は、バッテリーの消費も激しく、非効率ということになり、その結果、とうとうサル自身による運転が中止されてしまった。

『おサル電車』は、その後、再び、運営が財団法人東京動物園協会に戻り、1969年（昭和44年）1月1日に、サル自身の運転による『おサル電車』が再開されるまで、サルはただ飾りとしてつながれて、先頭に乗っているだけの豆電車となってしまったのである。

「動物愛護」か「存続」か
中止の決断は動物園側が

しかし、せっかく復活したサル自身の運転による『おサル電車』も、長くは続かなかった。1973年（昭和48年）に国会で「動物の保護ならびに管理に関する法律」が成立し、

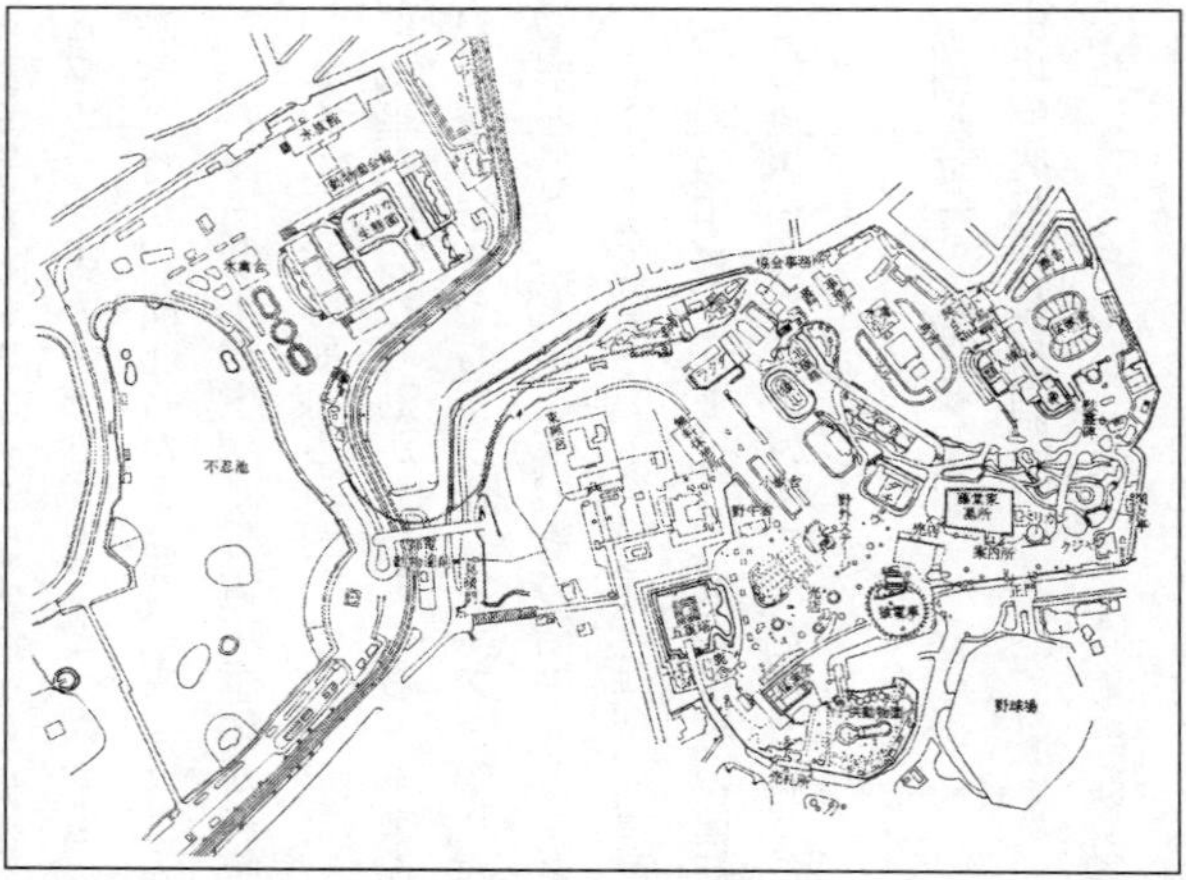

1960年（昭和35年）８月の上野動物園園内全図。2004年（平成16年）現在のパンダ舎のあたりに「猿電車」という文字が見える。（資料提供：財団法人東京動物園協会）

一方、同年、東京で国際動物園長連盟の総会が開催された際、諸外国の園長から『おサル電車』に対する批判が出たことから、『おサル電車』は動物保護管理法の基本理念に反するのではないかという疑問が、上野動物園園内から上がったのである。その経緯を『上野動物園百年史』では、

「法第2条でいう『その習性を考慮して適正に取扱うようにしなければならない』という原則をめぐって活発な議論がかわされた。その結果、サルの集中能力は5～6分程度であり、これを寒い時も暑い時も、1時間ないし1時間半も電車の上に鎖でつないでおくことは、やはりサルにとって苦難を与えることになるだ

1974年（昭和49年）６月30日。「さよならおサル電車」の日。サルが運転している車両は，なんと新幹線！（写真提供：財団法人東京動物園協会）

ろうとの考えかたが大勢を占め、動物愛護を標榜し、その精神を昂揚すべき社会的役割をもつ動物園としてはおサル電車を廃止すべきであろうとの結論に達した」と書いている。

この『おサル電車廃止』については、後年、ほとんどの人が「動物愛護団体からの圧力により、廃止された」と思っていたが、実は、動物園自体が考え、結論を出したものだったのである。多くの人がなぜ、「動物愛護団体からの圧力により、廃止された」と感じたかというと、上野動物園が『おサル電車』の廃止を決定した後、存続を願う人々と動物愛護団体の間で、『おサル電車』の存続の是非をめぐって、大論争が交わされ、その模様をテレビや新聞などが大々的に取り上げたため、双方が激しく意見を戦わせるシーンだけが記憶に残ってしまったからだろう。

26年間、子どもたちを楽しませ、現在でも「お猿の電車」という言葉が比喩として使われるほど、日本人の中に浸透した『おサル電車』は、1974年（昭和49年）6月30日をもって、その運行を取り止めた。運行最終日には、「さよならおサル電車」というセレモニーが開催され、最後の運行では、客は乗せず、代わりに、長年、運転手を務めたサルがお客になって、豆電車に乗り込んだ。その姿に、多くの客が惜しみない拍手を送ったという。

第10章　デパート大食堂のお子さまランチも今いずこ
〜デパート屋上遊園地

昭和30年代、子どもにとってのデパートは、大食堂でのお子さまランチとおもちゃ売場、そして屋上遊園地が、切っても切り離せない3種の神器だった。

このフルコースを回らなければ、母親にくっついてデパートに来た意味はなく、どれか1つでも抜かされようものなら、床に転がって、ギャアギャア泣き喚く子どももいた。

それでも当時の親たちは、子どものウソ泣きにはめっぽう強く、あんまりワガママをやっていると、ゲンコツでガツンと殴られたり、「怖いおじさんに連れて行かれるからねっ！」といい捨てて、さっさとどこかへ行ってしまったりで（もちろん、陰で様子は見ているのだが）、子どもの方も、誰もいなくなった床に転がって喚いているのもバカバカしく、いっちょまえに「チェッ」などと舌打ちしてから起きあがり、カッコつけにあたりを睥睨《へいげい》してから、こそこそと母親をさがしたりしたものだ。

「デパート屋上遊園地」は松屋浅草店が最初

この、「デパートの屋上に、遊園地を置く」という素晴らしいアイディアを、どこが最初に始めたかというと、それは松屋浅草店だ。

日本のデパートの始まりは明治時代に遡るが、当時のデパートは、およそ庶民が気軽に出かけられる場所ではなかった。1911年（明治44年）の流行語大賞ともいえる「今日は帝劇、明日は三越」の言葉どおり、有閑マダムがオシャレをして、ショッピングを楽しむ場所で、昭和の初期まではデパートに行くといえば、わざわざよそいき用の着物に着替えて出かけるなど、客の方も、「デパートは格式の高い場所」と心得ていた。

また、デパート側もそれをわきまえていて、訪れた客が極上のいい気分でたくさん「お買い上げ」いただけるよう、言葉遣いから立ち居振る舞いまで店員を厳しく躾たものだった。

特に、呉服系から始まった三越、白木屋、松屋、松坂屋などは、もともと「格式」の高い高級店であったことから、客への対応も「一流」であり、それが現在でも続く、ブランドとしてのデパートにつながっている。そのため、デパートの屋上にも、最初は、社交場としての「庭園」が設けられた。いわゆる「空中庭園」で、これは1907年（明治40年）に日本橋三越が始めたことで、瞬く間に都内のみならず、各地の百貨店に広まった。

この時期、デパートはこぞってルネッサンス風の洋風建築を取り入れ、日本橋の白木屋が

1911年（明治44年）に回転ドアとエレベーターを設置すれば、今度は三越が1914年（大正3年）にエスカレーターを新設するなど、最新の設備で競い合ったのである。

1925年（大正14年）5月1日にオープンした松屋銀座店も、もちろん、屋上に庭園を設けている。

もっとも庶民的な盛り場、浅草
デパートもターゲットは子どもと地元主婦層

だが、浅草は別だった。浅草といえば、浅草寺を中心に江戸時代から栄えた、東京ではもっとも庶民的な盛り場である。そこに松屋浅草支店を構えるとなると、銀座とは違う下町という土地柄にふさわしい営業方針を考えなくてはならない。

また、浅草支店の入る東武ビルは、もともと、東武鉄道株式会社が造ったターミナルビルで、東武鉄道の花川戸線や上野～浅草間をつなぐ地下鉄にも接続をしていた。

となると、都内では初のターミナルデパートということにもなる。

そこで、すでに日本初のターミナルデパートとして1929年（昭和4年）に営業を開始していた阪急百貨店などを参考に浅草支店の構想を練り上げていった。その結果、まず流行よりも値段を魅力的にすること、次に大衆向きのデパート直営の大食堂を設置すること、そして、ターゲットは子どもと地元主婦層とすることなどが決定した。

そこで、7階には、近隣の主婦たちの習い事の発表会にも使える「おさらい演芸」の場として貸し出す「貸しホール」を造ることにした。オープンから1カ月間開催する特別催事も、「こども家庭博覧会」1本に絞った。そして、屋上には「庭園」ではなく、子ども向けの遊園地を設置することになったのである。

ちなみに、デパートの大食堂は、すでに明治末期から白木屋などが設置しており、他のデパートでも取り入れていたが、それらは料亭などに委託しての運営であり、デパート自体が直営しているのは阪急デパートだけだった。

阪急デパートの大食堂といえば、庶民の味、カレーライスをメニューに加えたことでも有名で、これまた大衆向け大食堂として成功を収めていた。松屋浅草店は、これにならい、呉服系のデパートとしては、最初に直営方式を取り入れたのである。

1931年（昭和6年）11月1日、浅草支店のオープンと同時に、日本初のデパート屋上遊園地『スポーツランド』がオープンした。

この遊園地は、ドイツのハーゲンベック動物園とアメリカのコニーアイランドの遊戯施設を参考にして計画された、当時としては斬新なもので、小動物園もあったという。

ところが、当時遊戯施設を考案した「日本自動機娯楽機製作所（のちの日本娯楽機）」の遠藤嘉一は、オープン当初の『スポーツランド』という名称に沿い、「ペダルを踏んだ距離が表示される「自転車競争」、オールを漕ぐと同様の表示がある「ボートレース競技」、二人がハンドルを回して馬をすすめる「競馬機」、力試しをする「砲丸上げ」「引力計」「棒倒し」「虎の尾引き」などの機械（『日本の遊園地』橋爪紳也著）」などを並べた。まるで現在のフィットネスクラブである。そんなものに子どもが喜ぶはずもなく、オープン2カ月で大リニューアルとなってしまった。

そこで導入されたのが、象のメリーゴーランド、コニーアイランド、豆汽車（1回20銭で2周する）、かわらけ割り、鬼倒し、野球遊び、射撃場、弓場、自動木馬などで、今度は大成功となった。何しろ、名前を聞くだけでも楽しそうな遊戯施設がそろっているのだ。これなら子どもが喜ばない方がおかしい。

この『スポーツランド』は、7階にもスペースがあり、ローラースケート場や1回10銭の豆自動車が30台も置かれた。そして、翌年の1932年（昭和7年）6月25日には、さらに人々をあっと驚かせるモノが登場する。それが空中ゴンドラ「航空挺」だ。当初は隅田川を越えて、対岸と松屋浅草店屋上を往復するという広大な構想だったが、残念ながら許可が取れず、屋上の両端を往復するものになった。だが、距離は短いとはいえ、7階建てのビルの

1932年（昭和７年）６月25日に，『スポーツランド』に登場した空中ゴンドラ「航空挺」。屋上の両端を往復した。７階建てのビルの屋上の，そのまた空中を走る「航空挺」は，スリル満点，浅草っ子の人気を独占した。（写真提供：松屋浅草店）

1932年（昭和７年）。『スポーツランド』の豆汽車。１回20銭で２周した。行列ができるほどの大人気だった。他に「象のメリーゴーランド」や自動木馬も置かれていた。（写真提供：松屋浅草店。『松屋百年史』より）

屋上の、そのまた空中を走るのである。話題を呼ばないはずがなく、その雄大な眺めとスリルは、浅草っ子の人気を独占したという。

ちなみに、今では「○○ランド」と、「ランド」という名のつく施設は山ほどあるが、日本で最初に「ランド」を名称に使ったのは、この松屋浅草店の屋上遊園地だ。

しかし、それにしても、いくら事前にマーケティング調査を行ったとはいえ、屋上に遊園地を置いてしまうというのは、かなり大胆な発想だ。

大正期に始まった斬新でスタイリッシュな風潮 まずは、松屋銀座の「下足預かりの廃止」から

現在でも、松屋銀座店などは、多くの新鋭アーチストの作品を積極的に展示するなど、スタイリッシュで斬新な品ぞろえで有名だが、大正時代からその風潮はあったらしい。

その1つが、1925年（大正14年）の松屋銀座店オープンと同時に始めた「下足預かりの禁止」だ。当時の百貨店は、そのほとんどが土足厳禁で、客が入店する際は、備え付けの上草履にはきかえてもらうというシステムを取っていた。これは呉服店時代からのしきたりで、商品が床に落ちても汚れないための安全策だった。同時に、客が品物を盗んで逃走することを防衛するための策でもあった。しかし、履物を預かるということは、手間もかかるこ

とで、客側にしても、いちいち履物を取り上げられては気楽に立ち寄るという気にはなれない。もっとハッキリいってしまえば、「土足厳禁」の裏には、金のない冷やかし客はお断りというデパートの本音があったのである。

だが、関東大震災以降、それまでの上流階級だけを顧客層にしていては、経営が立ちゆかなくなる恐れがあった。一般大衆にも、門戸を開かなければデパートの先は見えている。

そのため、松屋銀座店では日本橋などのデパートに先駆けて、靴や草履に店が用意したカバーをつけてもらうという形で、誰でもが気軽に店に立ち寄れるようにしたのである。

もう1つは、かなり思い切ったアイディアだ。

関東大震災以降、さすがの銀座も、すべてがすぐに再興できたわけではなかった。

また、客の方も到底、「デパートでお買い物」という気分にはなれなかった。

そこで昭和初期に、松屋銀座店が思いついたのが、「レコード作戦」である。

「東京行進曲」や「銀座セレナーデ」などのレコードを松屋が買い集めて、東京全市の喫茶店・酒場に寄付したのだ。つまり、銀座という名前が歌詞に入った曲を絶えず店内で流してもらうことで、銀座への集客を狙ったのである。ちなみに、「東京セレナーデ」の中には、「松屋」を読み込んだ「待つや」という歌詞が登場する。

かのように、松屋は当時から、独自のアイディアが豊富な百貨店だったのである。

1950年（昭和25年）。夜にはライトアップもされ，浅草名物となった『スポーツランド』の『スカイクルーザー』。今見ても，デザインといい，アイディアといい目をみはる優れものだ。日本中の話題を呼んだ銀座の森永の広告塔よりも前に造られているのが，また凄い。（写真提供：松屋浅草店）

戦後の「デパート屋上遊園地黄金時代」スタート！
これも始まりは松屋浅草店から

しかし、デパートの屋上遊園地が黄金時代を迎えるのは、戦後のことである。これもまた、松屋浅草店が先鞭をつけた。松屋浅草店も、他の多くのデパート同様、空襲で損害を被った。1945年（昭和20年）3月10日の空襲で被災し、隅田川からバケツリレーで消火にあたったが、手の打ちようがなく、地階以外は大部分が焼失したのである。

だが、復興は早かった。同年12月16日には、1階に、売場と『スポーツランド』の計700坪を再開する。合い

1950年（昭和25年）。『スポーツランド』の飛行塔。これがデパートの屋上にある遊戯施設とは思えない。（写真提供：松屋浅草店）

言葉は「ゴンドラがあったころを目指して再建に邁進しよう」だった。

かくて、1950年（昭和25年）、『スポーツランド』は、大規模遊戯施設『スカイクルーザー』を登場させる。

土星の形をしていて、輪の部分が回転し、客はその輪に乗ると、高さ約40メートルの位置から、浅草周辺が一望できるという、デザイン的にも画期的な乗り物だった。

この『スカイクルーザー』は、夜にはライトアップされたので浅草名物にもなり、その噂を聞いたアメリカのサミュエル・フラー監督は、1955年（昭和30年）、日本でロケが行われたB級アクション映画、『東京暗黒街　竹の家』（山口淑子も出演！）のクライマックスシーンで、『スカイクルーザー』を舞台に、ロバート・ライアンとロバート・スタックを対決させている。当時は、アメリカの映画会社が撮影に来るとあって、松屋の社員も大喜びだったという。

遊戯施設は、他にも、豆機関車や、太陽の塔のような支柱のまわりを丹頂鶴型のゴンドラが回転する飛行塔などが登場し、屋上は乗車待ちの行列が取り巻き、スタッフが、わずか200メートルの距離を移動するのに5分以上かかったという。

その後、屋上遊園地は全国に広まり、地方都市のちょっとしたショッピングストアの屋上にまで、遊園地が造られるようになった。おもちゃ売場・お子さまランチ・屋上遊園地のデパートフルコース時代に入ったのである。

昭和40年代後半のデパート火災から消防法が改正
大型遊戯施設導入が困難に

だが、思わぬことがきっかけで、屋上遊園地は、姿を消すことになる。

それは、1972年（昭和47年）に起きた大阪千日デパート火災と、翌年の1973年（昭和48年）に起きた熊本大洋デパート火災だ。100人を超える死者を出したこの火災は多くの教訓を残し、消防法が改正された。屋上では、敷地の半分を空スペースにしなければばならなくなったのである。そうなると、大型遊戯施設の導入は難しくなる。

しかし、昭和30年代、各地の屋上遊園地が、あまりにも無秩序に営業していたのも事実だ。当時を知る人たちは、

「地方都市のデパートですけど、観覧車のゴンドラが屋上から一部はみだしていて、下を見るのがものすごく怖かった。今だったら考えられない置き方ですよね」かと思えば、

「飛行塔の飛行機が、屋上からはみだして飛んでいました。そのまま、どこかへすっ飛んで行きそうで、本当に、怖かった」

と、当時の設置状況を振り返る。それこそ、今だったら「ありえな～い！」と叫びたくなるような、安全性まるで無視！の屋上遊園地が、実際にあちらこちらに存在したのである。その状態では、多かれ少なかれ、事故が起きることは時間の問題で、消防法の改正は、やはり必要なことだったのである。


同時にその頃から、街にはゲームセンターが登場し、子ども達の関心は屋上遊園地から遠ざかり始めた。デパートからは、三種の神器のもう1つであった大食堂も消えていった。「すかいらーく」などのファミリーレストランが登場し始めたのである。

株式会社松屋浅草支店販売促進課課長補佐の久富浩太さんも、「今、都内のデパートで大

食堂を置いているという話は、聞いたことがないですね。食堂を直営するのは管理面や資格面など、色々と大変ですし、テナントに貸した方が売り上げのリスクも少ないんですよ。それに、ファミレスがこれだけあちらこちらにできていますから、あえて、デパートに大食堂を置く必要性は、もうなくなったと思います」という。

イメージチェンジを始めた「屋上遊園地」、まだまだ健在

とはいえ、屋上遊園地は、まったく姿を消したわけではない。

デパートの屋上といえば、一時は、観賞魚コーナーや園芸品コーナー。観賞魚コーナーといっても緑色の苔が水槽にびっちりとこびりついているというお粗末なもので、夏場のビアガーデンの時期以外は、ベンチに座っているのは、くたびれたサラリーマンか失業中の中年オヤジというイメージだった。

だが、人口芝生を植えたランチガーデンや、欧風ガーデングに本格的に取り組んだ屋上庭園など、近年、デパートの屋上自体がイメージチェンジを始めている。その中で、小型のコイン式電動ライドを置いたり、「レールもの」と呼ばれる豆汽車などを走らせているデパートも、都内大手デパートにはかなりあるのだ。中には蒲田の東急プラザのように、ビルの建て替えとともに屋上遊園地もいったん、姿を消したものの、復活を求める子どもたちの声に

2004年（平成16年）。『ファミリーランド』内。20年前に朝日エンジニアリングが製作した自動木馬。動くとフォスターの草競馬が流れた。美術品としても一見の価値があった。今はどこにいるのだろう。

励まされ、『屋上　かまたえん』として、見事によみがえった例もある。ここには都内で唯一稼働していた屋上観覧車がその名も『幸せの観覧車』として再登場し、人気を博しているのだ。

だが、元祖デパート屋上遊園地である松屋の遊園地は、とうとう姿を消してしまった。

２０１４年11月20日、プレオープンした松屋浅草&浅草EKIMISEには、時計台が復元されたものの、遊園地は戻ってこなかった。老舗屋上遊園地はひっそりと幕を下ろしたのである。

第Ⅱ部　なぜ、老舗遊園地は消えたのか？

第1章　テレビゲームと都市のアミューズメント化

日本の小中学生に、テレビゲームが広まるのは、１９７７年（昭和52年）からのことだ。テレビゲームは発売当初こそ、秋葉原などの電気街で高校生やサラリーマンを中心に人気が高まったが、ブームの兆しを見てとった任天堂などの大手玩具メーカーが市場に参入し、価格も1万円を割ったことから、一気にターゲットが小中学生にまで移行した。

といっても、当時としては庶民すみずみにまで行き渡るほどの価格ではなく、裕福な家庭の子どもの家に、クラスメイトが集まり、順番でゲームを行うという形が多かった。

子どもがそれぞれにゲーム機を持つようになるのは、１９８１年（昭和56年）のゲームウォッチブームからで、こちらも当初は通勤途中のサラリーマン向けに登場したものが、簡単に持ち運べることから小中学生に人気となり、ゲーム機能も多彩化し、あっという間に日本中の子どもを席巻した。「自分の子どもの部屋に何人かのクラスメイトが集まっているはずなのに、話し声もしなければ、騒ぎ回ることもない。やけに静かなので覗いてみたら、全員が無言で各自持ち込んだゲームウォッチを夢中になってやっていた」という話がPTAの話題にのぼるようになったのはこの頃だ。

一般に、子どもたちの遊びの場が外から家へと変わったのは、このテレビゲームからといわれている。しかし、実はその傾向は、昭和40年代に始まっている。

1つは、建て売り住宅の新築ラッシュだ。土管の転がる原っぱに、ある日、突然、綱が張られ、子どもたちは勝手に入れなくなった。

子どもたちの聖地であった原っぱにはどれをとっても同じような住宅が建ち並び、新興住宅地を形成していくのである。

車が1台、ぎりぎりで通れる幅の道路も、子どもたちの格好の遊び場だったが、こちらも車両の増加により、ろう石で地面に丸を描いて、ケンケンパッなどとやっていられる場ではなくなってしまった。

最後の砦だった学校の校庭も、「子供の安全性」を名目に、その実、校内で事故が起こったときの責任問題を問われることを恐れ、放課後は校門が閉じられるようになってしまい、子どもたちは駄菓子屋や文房具店の店先、公園で遊ぶほかなく、その公園も「野球・サッカーなどのボール遊びは禁止」という看板が立ち、子ども側からすれば、「外で遊べっていっても、じゃあ、どこで遊べばいいいんだよ！」という状態になってしまっていたのである。

そうした社会環境の中で、子どものおもちゃにも変化が見え始めた。

たとえば、女の子を例にとると、1967年（昭和42年）に、リカちゃん人形が発売されたあたりから、外で木の葉や砂を使って、おままごとをしていた女の子たちが、せっかく買ってもらったぴかぴかのリカちゃん人形を汚したくないために、家にこもって遊ぶようになった。男の子の世界でも、1965年（昭和40年）には「レーシングカーセット」が販売され、高級おもちゃが登場し出し、1973年（昭和48年）には「超合金マジンガーZ」が販売される。

高級おもちゃが次々と登場し、人気のあるおもちゃは「持ってないとバカにされる」という子どもの訴えに、親もまた次々と新製品を買い与えるようになるのである。

昭和30年代から40年代の初めまでは、親の財布のヒモも固く、「ウチにはウチの方針があるの。みんな持ってるっていうけど、誰と誰が持ってるの？　いってごらんなさい！」と怒る親も多く、そのため、欲しいおもちゃを唯一、手に入れるチャンスだったクリスマスは大切なイベントだったが、昭和40年代後半になると、「国民全員中流意識」が生まれ、子どもの持ち物にも消費競争が始まるのである。

また、子どもたちの方も、外で遊ぶには金が必要な時代となっていった。

原っぱや路地での金のかからない遊びができなくなった子どもたちは、駄菓子屋やゲームセンターに向かうことになった。「ガチャポン」、または「ガチャガチャ」と呼ばれるカプセル玩具の自販機が、小学校の近くの文房具店や駄菓子屋に並び始めたのは1965年（昭和40年）からのことだが、1970年代後半には大手玩具メーカーが参入し、値段も1回50円に、やがて100円へと値上がりしていく。

1970年代後半には、長崎屋などの巨大スーパーマーケットの店内に子ども向けのゲームセンターが登場し、クレーンゲームやもぐらたたき、シューティングゲームが人気を集め、1979年（昭和54年）には、あのテーブルゲームの大ヒット作「インベーダーゲーム」が登場、続いて「ブロック崩し」なども現れ、駄菓子屋の店先にもテーブルゲームが置かれるようになる。

しかし、親の財布の中身は無限ではなく、「何か」を削らなければ、子どもに高級おもちゃや欲しがるだけの小遣いは渡せない。

特に、1973年（昭和48年）に起こった第1次オイルショックは、家庭内の財政を一気に悪化させた。この年、エジプト、シリア、イスラエルによる第4次中東戦争が勃発、OPEC（石油輸出国機構）加盟の6カ国は石油の公示価格の値上げを決定、さらにOAPEC（アラブ石油輸出国機構）加盟の10カ国が毎月5％の生産削減を決定した。

そのため、エネルギー事情のほぼ大半を輸入に頼っていた日本はその影響をモロに受け、街からはネオンが消え、テレビも深夜放送を自粛、庶民はモノ不足による物価高に悩み、企業の倒産が相次いだのだ。

親の方も、マイホーム、マイカー、ピアノ、クーラーと各種ローンが家計を圧迫し、かといって「中流意識」が高まる中、「贅沢品」の購入をやめることはできず、そのしわ寄せは、結果的に金のかかる遊園地から家族の足を遠ざけた。

日曜日、家族団らんの場は、遊園地からファミリーレストランでの食事へと変わり、子どもたちも、テレビゲーム、ゲームウォッチ、ファミコンと遊びが変化していく中で、たとえば、親が「遊園地に行きましょう」と計画を立てても、小学校の高学年ともなれば、「友達の家でゲームやるから、いい」と遊園地行きよりもテレビゲームを選ぶようになるのである。

ある遊園地関係者もいう。

「第一次オイルショック以前と以降では、子どもの遊びも家庭内での金の使い方も大きく変わりました。2001年（平成13年）から始まった老舗遊園地の相次ぐ閉園も、きっかけは第1次オイルショックです。がくんと客足が減ってダメージを受けた後、景気が回復して立ち直るかと思ったら、客は海外旅行やスキー、音響セット、テレビゲーム、子どもの塾などに金をかけるようになり、客足が昭和40年代中盤のようには戻らなかった。東京ディズニーランドの登場やバブル崩壊後の長引く不況も閉園の理由ではありますがほとんどの老舗遊園地が第1次オイルショックの時にすでに致命傷を負っているんですよ。そのまま立ち直れなかったところにディズニーランドが来て生命維持装置を外されて、バブル崩壊で棺桶に入れられた。表現は乱暴ですが第1次オイルショックが引き金であったことは事実です」

一方で、遊園地業界の斜陽が始まった1970年代後半、若者たちは、その期間をどう過ごしていたか。これはもう、圧倒的にディスコに人気が集まっていた。赤坂のムゲンやビブロス、六本木のメビウスといった高級ディスコが登場したのは1960年代末から1970年代初頭のことだが、1970年代後半に入り、六本木のスクエアビルや新宿のカンタベリーハウスなどを中心に大衆的なディスコが大量に出現し、若者たちは夜な夜なソウル・

ミュージックに合わせてステップを踏み、踊り狂ったのである。

まさに都市のアミューズメント化の始まりである。

そこにインベーダーゲームが登場、昼のデートは喫茶店に移り、カップルが無言でインベーダーゲームに熱中する姿が日本国中で見られるようになった。

1981年（昭和56年）には、田中康夫の小説『なんとなく、クリスタル』が大ヒットし、ホイチョイ・プロダクションズが『ビッグコミックスピリッツ』誌上で『気まぐれコンセプト』の連載を開始、都市を遊び場として回遊する若者たちの流行を描いたこれらの作品は、クレジットカードの広まりとともに、若者たちを競ってブランド品購入へと駆り立て、デートの場もディスコから、六本木のキャンティや小粋なフレンチレストランへと変わっていく。

1983年（昭和58年）の東京ディズニーランドの登場を見るまで、多くの遊園地は、若者たちからも地味なデートの場としてはじき出されてしまうのである。

第2章　東京ディズニーランドという存在

そうした遊園地斜陽時代の中、華々しく登場したのが、東京ディズニーランド（以下、ＴＤＬと表記）だ。１９８３年（昭和58年）４月15日、千葉県の舞浜の地に開園したＴＤＬは、改めて語るまでもなく、入園者数ぶっちぎりのダントツ１位で、２０１５年（平成27年）現在も、日本の遊園地・レジャーランドの頂点に君臨している。

開園初年度こそ、営業日数の少なさから入場者数は９９３万３、０００人だったが、翌年からは年間入場者数を常に1千万人台にキープ、その数は１、３００万人、１、５００万人と年々上昇を続け、１９９８年度には１、７４５万９、０００人を記録することになる。２００１年度からはここに東京ディズニー・シー（以下、ＴＤＳと表記）がオープン、２０１４年度の入場者数は前年増、過去最高で、なんと３、１３７万７千人（ＴＤＬ、ＴＤＳの合算）。

開園以来の累計入場者数は6億３、０３６万9千人と、『どこまで行くんだ、ディズニーリゾート！』と叫びたくなる。まさに、ケタ違いの入場者数だ。

これに真っ向から対抗できるのは2001年（平成13年）3月31日にオープンした、第3セクター方式の大阪のユニバーサル・ジャパン（初年度入場者数：1、100万人）くらいで、大半の遊園地、テーマパークが100万人から200万人の入場者数を獲得するためにしのぎを削っている。その中で、横浜八景島シーパラダイスの410万人（2013年度参考）はなかなか立派な数字で、東京都恩賜上野動物園の369万人（2014年度参考）、東京タワー197万人（2014年度参考）、と老舗も健闘を続けている。東京の新顔、東京スカイツリーは年々来場者数が減少しているなどと言われつつも531万人（2014年度参考）、と観光名所としての人気ぶりは健在だ。

しかし、TDLは強い。なぜ、そんなに強いのか。

多くのマスコミや評論家がその強みを分析し、また、TDLを経営する株式会社オリエンタルランドも折りに触れ、インタビューに答えているので、今さら論ずるまでもないが、結論からいえば「徹底したエンターテインメント性と妥協のないサービス精神」という表現に尽きるだろう。

この2つが重なり合って、TDLは、完璧な「非現実の世界」を作り出しているのだ。

たとえば、TDLでは、遊園地につきものの迷子の園内放送をしない。迷子を知らせるアナウンスが流れただけで、客は現実に引き戻されてしまうからだ。その代わり、「キャスト」と呼ばれるスタッフが、子どもと一緒に親を捜し、それでもどうしても見つからない場合は、迷子センターに連れていって親からの連絡を待つ。

東京ディズニーランドの園内に一切、ゴミが落ちていないのも有名な話だ。客が仮に、ポップコーンやティッシュを落としたとする。すると、1分以内にカストーディアルと呼ばれる清掃スタッフが現れて、サササッと掃き集め、しかるべき場所に持ち去ってしまう。

その素早さは、表現は悪いがゴキブリ並みで、しかも、それだけ早く清掃スタッフが現れるにもかかわらず、待機している姿は園内に溶け込んでほとんど気がつくことがない。

また、TDLには、枯れた木もなければ、色あせた機械もない。

TDLの誕生は、前述したように1983年（昭和58年）だ。2015年（平成27年）で開園32年になる。32年ともなれば、おぎゃあと生まれた赤ん坊が、結婚して子どもの1人や2人を産んで、おばあちゃんと3世代でディズニーランド。

まさに一時期流れていたTDLのCMそのままで、そう考えれば、夢のような時代を旅するストーリーとなるが、夢から覚めればピチピチの23歳のOLが55歳の超熟女に変貌する年月なのだ。

新築で購入した白亜のマンションに例えるならば、外壁が雨風で薄汚れ……どころか、耐震工事でマンション自体建て替えなんて事態になるケースもあるだろう。

32年という歳月にはそれだけの『現実』があるのだ。

だが、TDLは常に新品だ。いつ行っても、まるで開園したばかりのような美しさを保ち続けている。確かに、開園当初は5つしかなかったテーマランドが年とともに増え、さらにその中のアトラクションもスクラップ&ビルドで新陳代謝を図っていることも事実だ。しかし、これはTDLを待つまでもなく、どの遊園地でも客足が鈍れば、新規アトラクションを導入し、目新しさを図ってきた。

しかし、それはあくまでも、「目新しさ」であり、「新しさ」ではない。その機種は新品のピカピカでも、他のアトラクションには手あかがつき、植え込みの芝生は枯れ、ベンチやゴミ箱は、年相応のくたびれたものに成り果て、道は埃っぽく汚れ、結果的に、園全体が「くすんだ印象」になってしまう。ところがTDLには、その「くすみ」がないのだ。

TDLでは閉園後、毎晩200人の清掃スタッフがそれこそ自分自身が道を舐めても大丈夫と思えるまで園内を掃除する。植えられた樹木は日の出と同時に担当者が出勤して植え替えを行う。マシンのメンテナンスは当たり前のことだ。TDLは24時間動き続けている。

だからこそ、現実ではありえない、非現実的な美しさを保ち続けていられるのだ。

一時、「東京ディズニーランドの女子トイレには鏡がない」という噂が男子大学生中心に流れた。理由は「トイレで自分の顔を鏡で見た瞬間、現実に戻るから」。

そうした噂が流れるほど、東京ディズニーランドの「非現実性」は完璧なのだ。

ＴＤＬを誘致する際、他社が富士山の見える土地を候補に挙げたところ、アメリカのディズニー社が、「富士山が見える場所はダメだ。富士山という日本の象徴が見えた段階で、客はそこが日本であるという現実に引き戻される」と語った話は有名だが、「何もそこまで」というところにまで、配慮が行き届いているからこそ、客は心ゆくまでディズニー・ワールドを堪能することができるのである。

光の洪水、エレクトリカルパレードはじめ、数々のテーマランドで開催されるショーやダンスも同じことだ。その完成度を見れば、レッスンは並大抵のものではないことがすぐにわかる。園内の随所に出没するディズニーキャラクターたちも、決してだらけた歩き方はしていない。スタッフルームに引っ込む最後までキャラクターであり続ける。

清掃スタッフのカストーディアルにしても、姿勢、歩き方、ホウキとちりとりの持ち方、使い方など、すべて訓練を受けるため、掃除する姿自体も絵になってしまう。

薄汚れたパンダやウサギの着ぐるみを着て、面倒臭げに風船を配り、アルバイト時間が終了したら、もう仕事は終わったといわんばかりに着ぐるみのまま、だらだらとスタッフルームに戻っていく他の遊園地とは、スタッフ自身の気概も違うのだ。

そこには、キャストのすべてが、自分もＴＤＬというステージに立つ役者の1人であるという意気込みがある。

当初、東京ディズニーランドに実際に行ったことのない人は、「所詮、ミッキーマウスの人気に頼った遊園地」という見方をしていた。「着ぐるみのウサギやパンダがミッキーマウスに変わっただけで、1回行けば、もう飽きられる」という意見もあった。

しかし、あるディズニーファンはいう。

「実は、私はミッキーマウスもドナルドダックも、そんなに好きではないんです。ダンボもピノキオも、クマのプーさんにも興味がない。家にはぬいぐるみも、キーホルダーもありません。でも、ディズニーランドには数え切れないほど通っています。なぜなら、そこが完全な『非現実の場所』だからです。舞浜駅を降りて、ディズニーリゾートの建物が見えた瞬間から『さぁ、また夢の国に来ることができた』って、毎回、感動する。今年、70歳になる母親も同じです。ディズニーランドが大好きで、リゾートラインの構内に流れる音楽を聴いただけで、もう感極まって涙を流してる。あのワクワク感は、ほかでは絶対に味わえません」

対して、日本のレジャー業界はどうか。

昨今はどこのレジャーランドも人件費削減で、スタッフの数が減っている。わからないことがあって尋ねたくても、スタッフの姿が見つからず、結果的に心の中に不満を溜めたまま、帰宅することになる施設も多い。マシンが壊れているところも多く、たとえば、あるアミューズメント施設では、パスポート券を購入して入園するのだが、あらゆる場所でマシンが正常に動かず、占い系アトラクションではパスポート券を入れて参加したにもかかわらず、最後のコーナーで肝心の占い結果が出てこなかったというケースもある。

これなどはスタッフがそばにいれば、すぐにクレームをつけられるが、スタッフは入園口にしかいないので、わざわざ、そこまで戻らなければならない。

パスポート券さえ買わせてしまえば、あとは機械が壊れていようが客が困ろうが知ったことではないという園自体の考え方が、そこには如実に現れている。

その結果、客足が落ちたら、その施設はすぐに取り止め、次から次へと新しい施設に変更していく。経営者側に、施設を育てようという意識がないのだ。

そうした意識は、スタッフにも現れる。「給料をもらう以上、プロもアマもない。客にはアルバイトも正社員も関係ない。客の前に出たら全員、プロ」というのが日本の接客業の常識だが、最近は、「私、アルバイトだし〜。そんなこと聞かれてもわかんない」と平然と開き直る若者や、「パートなのですみませんねえ、ちょっとこのゲームについては遊び方まではわからないんですよねえ」と知らないことを当たり前とするパート社員が増えている。

そうしたレジャー施設のフードコートのテーブルは、決まってゴミが散乱し、客がこぼしたアイスクリームの残骸で手の置き場がないほどベトベトだ。これではＴＤＬにボロ負けするのは当然のことだ。そして、あの日が来た。


２０１１年3月11日。東日本大震災発生。

多くの命を奪ったこの大震災は、ＴＤＬをも襲った。

午後2時46分。園内にいた7万人のゲスト（来園者）を震度5強の揺れが突如襲った。

噴水は水をまき散らし、木々は揺れ、客たちは悲鳴を上げて座り込んだ……。

その時のＴＤＬのキャストたちの対応が、今も語り継がれている『神対応』なのだ。

迷子のアナウンスさえも徹底して流さないＴＤＬで、地震発生を告げる園内アナウンスが、大きな揺れから約40秒後には流された。

不安に怯えるゲストを少しでも安心させるために、キャストはそれぞれの判断で行動した。お土産として販売していたぬいぐるみを「防災ずきん」代わりに配り、「頭を守ってください」と声をかけてまわったキャスト、お腹を空かせた頃に、ショップで販売していたクッキーを配ったキャスト。子どもたちの不安を和らげようとシャンデリアの妖精を演じたり、お土産袋の中の隠れミッキーを一緒に探したり、すべてがキャストの一存で行われた。

交通網が完全に麻痺したまま、時が経過し、やがて雨が降ってきた。不安に追い討ちをかけるような3月の冷たい雨。かといって、安全を確認できない建物内にゲストを招き入れる訳にはいかない。TDLの広大な駐車場も液状化し、見渡す限りの泥沼だ。そこに車が埋まっていた。

キャストたちは寒さをしのいでもらうために土産用のビニール袋やゴミ袋まで配った。それでもまだ足りない。そこでキャストたちが次に持ち出してきたのは、ゲストの目につくところにあってはならない段ボールだった。

夢の国に段ボール！　夢はもはや壊れたのか？　キャストの勝手な判断で？

それはまったく逆だった。ディズニーランドの神対応については、報道もされ、ネットでも大変な話題になったので、もう今さら書く必要はないかもしれないが、実はTDLで働く全員が共有している行動規準は、1番が『(客の）安全』、2番が『礼儀正しさ』、3番が『ショー』。そして4番目に『効率』がくる。

つまり、夢の国に段ボールが持ち出されようが、『すべてはゲストのため』なら何でもアリなのだ。

そして、その哲学を、ほとんどがアルバイトであるキャスト約1万人が共有していたところがすごい（※1万人は震災のあった日、雇用数は約2万人）。だが、ここでふと、思い出したことがある。今はなきナムコ・ワンダーエッグのアトラクター（スタッフの名称）たちの行動だ。人気アトラクションに乗るための長い待ち時間を退屈させないために、アトラクターが『勝手に』作ったギャラクシアンの歌。そしてワンダーエッグの輪踊り。皆、アトラクターが客を喜ばすために勝手に考えた。そして、それがまた名物となって、客を呼んだ。

もちろん、アトラクターは接客の前にマニュアル講義を受ける。だが、ここでも、TDLと同様に、『すべてはゲストのために』というスタッフたちの共有観念が根っこの部分で流れていたのではないのだろうか。

若者たちは、時代時代によって、シラケ世代だのゆとり世代だのさとり世代だの、マスコミに様々なレッテルを貼られる。だが、個々の若者たちが持っている思いやりと使命感という名の底力は、どの世代にも共通のものなのではないのだろうか？

話がそれた。

もちろん、TDLでのキャストたちの神対応は目を見張るものがあるが、そこには、また、TDLとしての日頃の防災訓練の成果もあった。

TDLでは来場者10万人、震度6の地震が襲って来た時を想定して年間180日もの防災訓練を行っている。一方、備蓄においても、5万人が3~4日過ごせるだけの食糧を用意しているという。こうした日々の努力が、指揮系統をスムーズにし、現場で客と向かい合うキャストを『指示待ち』という名の、でくの坊にはしなかった。

TDLの防災訓練では、『使えそうなものは何でも使用してよく、ゲストの安全確保のためにはたとえ店舗の商品であっても率先して提供してよい』とされている。

ぬいぐるみもクッキーも、寒さをしのぐ段ボールの提供も、こうした訓練がキャストそれぞれの身につき、生きているからこそ、キャストがおそれることなく、上司の顔色を気にすることなく、自身で判断し、動くことができたのだということも大きい。

パレード車にいたキャラクターたちも、ショーが停止となり、余震で自分たちの身でさえ危ういのに、彼ら自身が救出されるまで、客にずっと手を振り続けた。

そして、約2万人の客がTDLで夜を過ごすこととなったのだが、圧巻は、一足早く建物の安全が確認されたディズニー・シーへの客の誘導時のことである。

普段は絶対見せないバックヤードを通って客たちはシーへ向かったのだが、そこで客を待っていたのは、何百人ものキャストがペンライトを持って両側に並び、客たちのために光の道を作っていたのである。

無機質な通路は、その光によって夢の通路となった。

ここに『ゆるぎなくブレない』TDLのポリシーがある。年間入場者数不動のナンバー1はダテではないのだ。

しかし、そうした現状に気がつき始めている遊園地関係者も少なくはない。

最近では、遊園地スタッフの対応が驚くほど向上した遊園地も多く、皆、笑顔で客を迎え、客が乗り物に乗るときには、「行ってらっしゃい！」と声をかけ、そのアトラクションが終了すると、「お帰りなさい、いかがでしたか?」と感想を聞く。

客とのコミュニケーションを大切にするようになったのだ。そうした施設では園内のゴミ箱も、ゴミの山のままで放置されるということも少なく、植木やベンチの手入れにしても、TDLほどの人海戦術は取れなくても、「ここは園内の美化に努めているな」ということが、ひしひしと伝わってくる。興味深いことに、ここは頑張っているな、と感じる施設の担当者ほど、口をそろえて、「TDLには学ぶところが多い」と語ることだ。

「テレビCMを連発したり、TDLのような大掛かりなイベントは資金的にできませんが、スタッフの質を上げることは金をかけなくてもできる。TDLはサービス業に携わる我々にとって、忘れていた一番大切なことを再確認させてくれたんです」という。

ＴＤＬは、確かに多くのレジャー産業に大打撃を与えた。しかし、その存在が、日本の遊園地の在り方を根本から考え直させる起爆剤となったことも間違いない。

とはいえ、無敵のＴＤＬといえど、まったく不安がないわけではない。

たとえば、日本オリジナルであり、ディズニー初の「海」をテーマにしたＴＤＳでは、ＴＤＬでは観ることができない華麗な水上ショーが呼び物だが、風の強い日には休止となってしまう。そのため、3回行って、3回とも観ることができなかったという客も多い。天候に左右されることは仕方のないことだと理解していても、「何回行っても、観ることができない」となれば、客足は自然に遠のく。

ＴＤＬに比べ、ＴＤＳの園内が「美しさ」に欠けることも否めない。休憩所のテーブルの配置が乱雑であったり、今ひとつ道が薄汚れていたりと、日本の悪しき遊園地の雰囲気がどこかしらに漂い、「非現実的な夢の国」気分を味わえない。

ある報道では「ＴＤＳに行った客が、ＴＤＬの楽しさを思い出し、相乗効果でＴＤＬの入場者数が増えた」とキャスターが述べていたが、これは相乗効果というより、ＴＤＳで夢気分を味わえなかった客が、口直しでＴＤＬに足を向けているといった方が正しいのではないかと思われる。

ＴＤＬもまた、正念場を迎える時期となっているのだ。

第3章　実は危なかった！　西の横綱ユニバーサル・スタジオ・ジャパン

―映画を忘れ、映画に戻る。目指すはターゲット層の拡大―

ＵＳＪの入場者数が東京ディズニーランドを超えた！

このニュースは瞬く間にメディアを賑わせた。不動のセンター……ならぬ不動の１位であった東京ディズニーランド。そのディズニーランドの入場者数をたとえ10月の１カ月間であろうと、ＵＳＪが上回った。

２０１５年10月。その数は１７５万人超え。この月、ディズニーランドは約１６０万人。この快挙はある意味、ＵＳＪ関係者の悲願だったと言っても過言ではないだろう。なぜならば実のところ、ＵＳＪはたった5年前には破たん寸前であったのだから……。

２００1年2月。ハリウッド・フロリダに続いて、華々しく開園を飾ったＵＳＪ。お祝いには、あのアーノルド・シュワルツェネッガーまでもがやってきた。そして、その開業資金は、借入が１、２５０億円、建設時の総事業費は１、７００億円！

ところが、実際にフタを開けてみると、初年度こそ、1、102万9千人の入場者数を誇ったが、翌年の2002年には早くも入場者数が350万人もダウン。1、000万人どころか763万7千人で終わり。その後も長い間1、000万人を超すことはなく、800万人~900万人台を行き来し、2009年度、2010年度には750万人まで落ち込んだ。

といっても、ハリウッドやフロリダのUSJをはるかに上回る入場者数であり、決して関係者が落ち込む数字ではない。しかし、その肩には、開業時の借入金の1、250億円がずっしりとのしかかっていた。いわば、入場者数からは見えなかったが、ある意味、経営破たんと言われても仕方のない内情だったのである。

そこで、USJが行ったのが、大胆な構想変革だった。

それが、映画以外でのいわゆる金を生むキラーコンテンツの大幅な見直しと、ターゲット層の拡大である。

実は金を生むキラーコンテンツでは、USJではすでに、あの『ワンピース』を押さえていた。コミックスの国内累計発行部数は3億2、000万部を突破。2015年6月15日には、『もっとも多く発行された単一作家によるコミックシリーズ』として、ギネス世界記録に認定もされた、少年マンガの王道であり、国民的人気を博しているとまで言われる、あの『ワンピース』を、である。

ところが、いい意味でも悪い意味でも『映画バカ』で固められたUSJのスタッフの中には、園内で『ワンピース』のショーが行われていることすら知らなかった者が多かったのである。当然、映画より『ワンピース』が金を生むなど考えも及ばない。

ひと月に20本も映画を観るというUSJスタッフは日本全体として考えた時に至って少数派。ほとんどの若者がゲームやアニメ、スポーツ、テレビ、数々の音楽や食のフェスティバルに散らばり、映画を選んでいるのはわずか1割に過ぎないというデータがある。『ワンピース』を無駄遣いしていたUSJはみすみす残りの9割の顧客を自ら捨てていたのである。

そこでまず、ラスベガスを歩けばそこかしこで観られる無料アトラクション……にも及ばないしょぼい作りであった『ワンピースショー』を、それだけで客を呼べるコンテンツとして大幅なテコ入れをした。歌やダンスでお茶を濁さず、アクションシーンをグレードアップさせ、プロジェクションマッピングを駆使して、客をのけぞらせる迫力のショーを作り上げ、大々的にCMも流した。

こうして、2011年度には、前年750万人まで落ち込んだ入場者数を1000万人以上取り戻したのである。

そして次にUSJが行ったのが、ターゲット層の拡大である。

それまでも、園内にはスヌーピーやキティといった、映画以外の子ども向けのキャラクターもいるにはいた。

だが、そもそものターゲット層を若者においていたUSJでは、映画コンテンツ以外はあくまでも扱いが添え物にしか見えず、また、ライド系のアトラクションでは、小学校低学年くらいの子どもでは、身長制限にひっかかり、乗ることすらできないという造りになっていた。これでは大きなターゲット層であるファミリー層がすっぽり抜け落ちてしまう。

さらに、USJのライドは、若者でさえ、「けっこう怖いで。覚悟せんと乗れへんよ」という迫力だ。そこにも小さいが誤算が生じる。

富士急ハイランドのように、最初からこれでもか！　と『怖さ』と『迫力』をウリにしているなら、そういった類のものが好きな客が訪れる。

だが、そんな顔を微塵も見せないで、いざ乗ってみたら気絶寸前では、騙された！という思いも生じかねない。客は映画の世界の追体験がしたいのであって、ジェットコースターに乗りたいわけではないのだ。そうなると、自然とリピーターの足も遠のいてしまう。

ただ、このライドの怖さに関しては、現在もさらに進化させているようであり、それがウリとなるようCMもかなりの数を打ち始めたので、もう『騙された』感を抱く客も少なくなっているのかもしれないが。


話をターゲット層に戻すが、USJは大きな賭けに出た。

開園以来、設置されていた『ランド・オブ・オズ』のゾーンを取り壊し、代わりに、ファミリー層一色にした『ユニバーサル・ワンダーランド』を作ったのである。

このゾーンには園全体の10%にもなる広大な敷地があり、エルモやスヌーピー、キティといった、それぞれがキラーコンテンツとなりうるスターたちが、生き生きと子どもたちを出迎えた。その結果、ファミリー層は25%増。2012年度には入場者数がさらに100万人以上増加で975万人と、年間入場者数1、000万人という数字が夢ではない位置にまで持ち上げたのである。


そうしてUSJは、ついにどのユニバーサル・スタジオでもなしえなかった難題中の難題、しかし、成功すれば必ずや日本全国を巻き込んでの大ヒットとなるキラーコンテンツ、

『ハリー・ポッター』へと向かう。

『ハリー・ポッター』。言わずと知れたJ・K・ローリングの超ベストセラーファンタジー。その建設費、約450億円。

借金はすでにV字回復で返済していた。だが、やはり冒険といえる額である。

どこから、その金を引っ張り出すか。

そこで浮かんだ秘策が、『ジェットコースターを後ろ向きに走らせる』ことだった。

それなら、新規開発ではなく、リノベーション工事で済む。しかし、『ジェットコースターを後ろ向きに走らせる』だけで集客できるのか？　できたのである。あるとっておきの方法で。それはある国民的アイドルグループの起用だった。

客へのお披露目前に、USJはこのグループをUSJに招き、メンバーを後ろ向きジェットコースターに乗せたのだ。さらに、ジェットコースター内にはそのグループの曲が流れるという仕掛け。この様子をテレビ各局のワイドショーを使い、全国に流した。

お披露目日。ワイドショーを見たそのグループのファンが全国から大挙して押しかけた。なんと、最長待ち時間9時間40分！　入場制限までかかったが、その人気は衰えなかった。USJは、『使えるコマの使い方』を『ワンピース』で学んでいたのである。

その結果、2013年度にはついに入場者数1、050万人という大台に乗せたのである。

その後のＵＳＪの快進撃は、今さら語るまでもないだろう。

２０１４年7月15日、『ハリー・ポッター』ゾーン、グランドオープン。ＵＳＪ全体の15％の敷地に見事なハリポタの世界が展開された。杖をかざすと風が吹く魔法道具屋、威風堂々としたホグワーツ城。行ったら絶対に買うであろうバタービールとハリーのマフラー。

こうしてついに、２０１４年度には１、２７０万人の入場者を迎えたのである。

さて、ここでいよいよ、ＵＳＪがあのＴＤＬを抜いた！ という話である。

が、その前に。

ＴＤＬのみならず、ＵＳＪも含めて、各テーマパーク・遊園地が一番力を入れ、知恵を絞っているテーマがある。

果たして、それは何か？『閑散期をなくすこと』だ。

なーんだ、と言ってはいけない。実は遊園地の生き残りのキモはここにあるのだ。

『閑散期をなくす』ということは、言い換えれば『あらゆるターゲット層の集客』ということにつながる。

わかりやすい例を挙げよう。それは、長崎のハウステンボスだ。

１９９２年3月25日に開園したハウステンボスは、ＴＤＬ、ＵＳＪに続き3位という位置をキープしている。

だが、実はハウステンボスは２００３年に会社更生法を申請、事実上の経営破たんを起こしている。この閉園の危機に、再建の名乗りを上げたのが旅行会社のＨＩＳだ。

これが功を奏し、ＨＩＳに傘下入りした後、２０１０年には黒字に変換、さまざまな新企画も生み出せるようになった。

もともと、ハウステンボスは、オランダの街並みを丸ごと再現して、チューリップなどの花をめでるテーマパークだった。だが、それでは正直なところ、シニア層しか集客できない。しかもシーズンは春に限られる。

そこで梅雨時で客足の鈍る6月には、『ハッピーレイン』と銘打って、雨の日限定の映像ショーやポンチョのプレゼントを始めた。

驚いたことにそれだけで、前年同時期より10％以上多くの来場者が訪れた。

夏には、広いプールでファミリー層を獲得。直線型では日本一の長さを誇る１８０メートルのウォータースライダーの設置や世界最大級のデジタル釣りアトラクションなども導入した。キーワードは『日本一』や『世界一』など、わかりやすくて客の心をつかみやすいアイディアだ。

そして、特に目玉となるアトラクションもショーもないまま、最後まで残った冬には、思い切って、１、３００万球のイルミネーションとプロジェクションマッピングでドーン！と勝負した。これがそのまま、ドーン！　と客を呼んだ。クリスマスにもかかり、若者層が集まった。そこにさらにＨＩＳがお得意のパック旅行戦術で客をつのり、ハウステンボスに着くまでの時間も盛り上げる。

それらの努力が実って、一時は１４５万人まで減ってしまった入場者数が、２０１４年度には、２７９万４千人まで戻ってきた。

閑散期にいかなるテコ入れをするかがテーマパークの命運を分けるといういい例だろう。

そうした閑散期対策が一番成功しているのが、ＴＤＬだ。

まず、お正月。寒い時期は客足も鈍るが、ＴＤＬはクリスマスイベントから間髪を入れず、『ニューイヤーズグリーティング』を始める。

2月・3月はいわずとしれたバレンタインとホワイトデーで、言い方は悪いが客が勝手に盛り上がるところに、さらに『バレンタイン・ナイト～コンサート・オブ・ラブ』などのイベントも行われる。

また、春休みには、『春キャン』として学生向けのチケットが割安になる。

5月はまだまだ浸透はしていないが、いずれ爆発的集客を狙う『ディズニー・イースター』が。6月には『ディズニー七夕デイズ』、そしてここからは怒涛のイベントの嵐。7月・8月は水しぶきが楽しい『ディズニー夏祭り』、9月・10月は『ディズニー・ハロウィーン』、そして11月・12月には『クリスマス・ファンタジー』が待っている。

その間にも、大ヒットしたアナ雪イベントなどをちりばめたり、いつ行っても何か新しいことをやっている。ファミリー層、シニア層、若者層に向けてモレはない。

さすが、王者たるゆえんである。

ここに殴り込みをかけたのが、USJだ。

正直、殴りこみをかけるといっても、なかなか映画と季節が結びつかない中、まず、ハリー・ポッターが風穴を開けた。バタービールにマフラーにコート。ハリーのいでたちを真似るには出足の鈍る冬こそ1番！　むしろ、夏にグッズは売れるのか心配になってしまう。

クリスマスには高さ36メートル、37万球の電飾で5年連続ギネス更新を記録している大クリスマスツリーが登場。ファミリー層、若者層のハートをつかんでいる。

だが、USJのイベントの中で群を抜いた集客を見せるのは、9月から11月のはじめまで開催されるハロウィンだろう。

客がみな、仮装して楽しむ……なんて甘いものではなく、『ハロウィン・ホラー・ナイト』では大量のゾンビが園内にあらわれ、客を脅し、追いかけ、ここはバイオハザードか！と思えばいきなりフラッシュモブのようにゾンビが集まってマイケル・ジャクソンのスリラーを踊ったり。中には誓約書を書かなければ入れないホラー映画アトラクションやホラーハウスアトラクションもある。

この完全参加型ハロウィンイベントで、USJは、念願のTDL超えを果たすのである。

なりふり構わずのイベントと言ってしまえば身もふたもないが、そこはやはり、知恵とアイディアと努力の勝利。

唯一、心配なのは、このV字回復の時期に、運営会社が2015年11月にコムキャストに買収され、社長もコムキャストの出身者となったことだ。この買収が吉と出るか、できれば頑張ってきたゾンビたちのためにも、良い結果をもたらすものと願いたい。

第Ⅲ部　本当に子どもたちは遊園地を見放したのか
―現代っ子の絶妙かつあやういバランス感覚―

第1章　普段は質素、使う時はバン！　と使う。メリハリを見せる若者たち

最近の若者たちのブームは『公園遊び』なのだそうだ。

「え？　公園って。まさか缶蹴りとか？」と思ったあなた。当たらずとも遠からず。缶蹴りをしたという話は聞かないが、『だるまさんが転んだ』くらいはするそうだ。

そんな若者たちが『公園遊び』にハマったきっかけは、ひとことでいえば『開放感』だろうか？

「ある日、友人同士でカフェに行こうと思って歩いていたら、緑の多い大きな公園があることに気が付いた。カフェに行って、いつものメニューを頼みながら、いつものメンバーと

いつもの限られた空間でまた長話をするのかと思ったら、急に公園でダベりたくなった。『開放感』はあるし、空は高いし、遠慮なく大きな声で笑えるし、お茶もお菓子もコンビニもので充分、上等。1、000円以内で思い切り寝転んで、嫌なことが消えていく。それからは、ほとんど公園」という女子学生。

「デートで公園に行くようになりました。お弁当は自分が作ります。彼女が喜んでくれるのが嬉しい。水鉄砲で遊んだり、シャボン玉をぷかぷか吹いてまったりしたり。ピクニックというほど大げさではなく、なにげに自然体でいられます」というのは女子力男子。

『公園遊び』のメンツも、女子だけ、男子だけ、混合タイプとさまざまで、実にゆったりと時の流れを楽しんでいる。まさにあくせくしていないのだ。

ここに面白いニュースがある。2015年9月1日の朝日新聞からなのだが、とある世界的口コミサイトが意外なランキングを発表したというのだ。それは、日本の人気テーマパークのランキング。

1位　TDL、2位　TDS　とくれば、当然、3位はUSJ……となりそうなものなのだが、なんと、3位に挙げられていたのが千葉県にある、『ふなばしアンデルセン公園』。

行くのも知っているのも千葉県民のみ、いや千葉県民すら存在を知らなかったのではないのか？　と揶揄されるほど、全国的には知名度の低いテーマパーク。

その名の通り、童話作家のアンデルセンの世界をモチーフとしたパークで、アトラクションはアスレチックくらい。むしろ、庭園を広く取った自然公園の作りとなっている。

その園長自身が3位という結果にうれしいというよりあ然としたという。

当然、4位に沈んだＵＳＪの地元が黙っているはずもなく、「どんな秘密があるのか？」と関西放送局各局から問い合わせが殺到したという。

そこに若者たちの『公園遊び』が潜んでいるとは、パーク関係者もメディアも微塵にも思わなかったに違いない。

というより、『口コミサイト』という特殊な形態での結果とはいえ、このことが若者たちの『公園遊び』現象を裏付けているのではないだろうか。


振り返ってみれば、ここ10年以上、デフレによる閉塞感が国全体を覆ってきた。

もちろん、今でも、決して生活は楽にはなっていない。消費税の増税、マイナンバー制度の拘束感。物価だけが上昇し、大人たちはため息をつく。

若者たちはそんな社会に生まれた時からどっぷりと浸り、実はもう、知らず澱のように身体に溜まった閉塞感が、溢れ出し始めているのではないだろうか。

それが、自然回帰・原点回帰とも言える『公園遊び』へといざなっている。

つまりは濁った空気感の中で、お金をかけずに、リフレッシュをしているのだ。

過去、バブル世代はブランド物の毛皮を着て、夜の熱帯魚のように街をきらびやかに泳いでいた。

今、若者たちは素の姿で、無理せず、自然体で、酸素がいっぱいの公園の中を生き生きと泳いでいる。

こうして、改めて若者たちを眺めてみた時、彼らが実に遊び上手であることに気が付く。『公園遊び』まではいかないが、普段の遊びは、イオンモールやららぽーと。服はプチプラ、食事はファストフードかファミレスで。ファミレスも店を選べば、290円でドリアを頼め、300円でドリンクバーもつけられる。

先日は小学生だけでスシローを楽しんでいるグループを発見して、二度見するほど驚いた。一皿100円、デザートもありのスシローやかっぱ寿司などは、もはや小学生でも行くことができる手軽な店なのだ。繰り返すが、小学生が小学生だけで学校帰りに寿司をつまんでいるのだ。それがたとえ回る寿司であっても。

好きなアーティストの音楽にしても、DLで購入すればそんなには財布にこたえない。映画はレンタル落ちを待つ。

そして、それ以上、リフレッシュしたくなったら、公園に行く。大人が作り出した選択肢の多様性の中で、迷子になることなく、自分に合った『遊び』をまことにうまくチョイスし、組み合わせて楽しんでいるのだ。


しかし、彼らは決して『締まり屋』ではない。

夏になれば、各地で夏フェスなどの音楽イベントが開催され、多くの若者が決して安くはないチケットをポン！　と購入する。

多数の集客を見込める食のフェスティバルにも、気に入った『食』メニューには、財布のヒモをゆるめる。実際のところ、食フェスタは、カレーやB級グルメ、ふるさとグルメとさまざまだが、肉フェスともなると万札が飛んでいく。決して安い遊びではない。交通費だってかかるだろう。

それでも、若者たちは、『これ！』と決めたら、ぐずぐず言わずに金をぱっと使うのだ。

その辺のメリハリは、毎晩屋台で酒を飲みながらぐだぐだと上司の悪口を言っている大人たちに比べ、実に賢い使い方をしている。つまり、お金の垂れ流しをしていないのだ。

と、ここでもうひとつ、気づくことがある。

夏フェスにしろ、食フェスにしろ、そのほとんどが大きな広場で開催される。そう。ここでも、若者の志向は外へと向き始めているのだ。


では、小学生はどうだろう?

今、小学生たちを呼び込んでいるのは、夏休み、春休みなどに開催される各テレビ局の番組イベントだ。そこには音楽あり、アニメあり、食あり、人気番組にちなんだゲームあり。ごったがえしの大人気で、実はこれも、そのほとんどが外イベントだ。

テレビゲームが登場して以来、子どもの家志向が長らく取沙汰されてきたが、ここへきて、逆に人気マンガがアニメとなり、それがゲームとなって、ダンスとなり、子どもたちを外へ外へと連れ出している。誰もが感じている閉塞感からの脱出。それは若い世代からムーブメントとなって広がっていくのかもしれない。

第2章　実は子どもたちは意外とお金持ち！
―お年玉とバイトで懐ゆたか。今や子ども同士で遊園地へ行く時代―

ここでひとつ、子どもたちの懐事情を探ってみよう。

『子どもの貧困』が社会問題になっている今、子どもたちに遊ぶ金があるわけなかろう！と叱られてしまうかもしれないが、その問題は本書のテーマとはまた別のところにあるので、ご了承願いたい。

あるリサーチ会社の２０１５年の統計では、

小学校高学年の子どもに渡すお年玉の相場は、３、０００円から5、０００円。

中学生になると、５、０００円から1万円。

高校生では、１万円。

この金額を「ふーん」とぼんやり眺めてはいけない。お年玉というのは、親戚一同のひとりひとりからもらうものだ。つまり、小学校高学年の子どもに両親、各親の祖父祖母、叔父・叔母がいた場合、両親からはひとつとしても、合計9袋のお年玉が入ることになる。その額は低く見積もって3、000円×9＝27、000円。高い額だと、5、000円×9でなんと4万5、000円にもなる。これはなんとも侮れない金額だ。

高校生になると、バイトを始める子どもも多い。そのバイト額の月平均は約4万5千円。1週間に3日シフトに入り、仕事時間は1日4時間。

高校生までは実家暮らしが基本となるだろうから、収入はまるまるお小遣い。春休みや夏休みを使ってガッツリ稼ぐ子どももいるだろうから、やはり、彼らもかなり、遊ぶ資金は潤沢であると見ていい。

これが大学生となると、環境でかなり収入が左右される。

自宅通学か否か、仕送りはあるのか、あっても潤沢な額か、家賃程度か。

ここでは、自宅通学、もしくは親からの仕送りが生活費ととんとんくらいはもらえているという学生を例にとってみよう。

バイト額の月平均は、1カ月52時間働いたとして、約5万円。やはり彼らも、夏休みなどはガッツリ、バイトで稼ごうとするから、その期間は月10万円を超す学生もいる。

将来の奨学金返済のために貯金しておくという学生も多いが、そこはやはり、若者の特権。デートもしたいし、遊びたい。ひところは肩に大きくのしかかっていた携帯代も、最近は低額プランが増え、学生にはさらに追い風だ。


一方で、TDLやUSJの入場者数は年々増加し、その他の遊園地も第I部で触れた大倒産時代を乗り越え、毎年入場者数に多少の増減はあるものの、しっかりと生き残っている。

これは一体、何を意味するのか。各遊園地がそれぞれ趣向を凝らし、集客に努力し、淘汰を免れたと言ってしまえばそれまでだが、ここに、大倒産時代とはまったく違う大きな社会背景の変化があるように思われる。それは、『遊園地は家族で』から『遊園地は子ども同士で』という、来場者側の形態の変化だ。


60年代、遊園地へ行くとなれば、それはそれは『ハレの日』だった。

家族総出でおめかしして、晴れた青空の下、風船を持って走っていく。

つまり、『遊園地』は家族の一大イベントだった。

しかし、それから時が経ち、現在は長く続く不況からまだまだ抜け出せない状態だ。

一部上場企業がどんなに労使交渉でベースアップがかなっても、それはそのクラスだけのことで、下請けの下請けのそのまた下請けには、ベースアップなど遠い国の話だ。ベースアップもいいが、その前に、下請けへの納入金額叩きをトップ会社が辞めない限り、底辺も自称中流も、会社も家計も火の車だ。

そんな状態で一家揃って遊園地、など夢のまた夢。となれば、子どもたちはどういう選択をするか。入場料金で渋る親など不要。子ども同士で行けばよいのだ。事実、関係者によると、TDLでも小学校高学年の子ども同士での来場は珍しくないという。

最初はグループで。次はWデートで。そして、3回目には2人っきりで手をつなぎ……。小学生がデート？　などと驚いてはいけない、いまどきの小学生は寿司だってつまむんだからデートしたっておかしくもなんともない。

また、小学生向けの雑誌も、昔は『勉学』という確固たる芯が中心にあったが、今は、おしゃれやメイク、成功率アップのデート術が中心だ。さらに賛否両論はあろうが、避妊方法までアドバイスされている。

何しろ、彼らはお年玉をたんまり持っている。少子化とはいえ、お年玉をせっせと使ってくれる小学生は遊園地には上客だ。TDLやUSJにはなかなか行かれなくても地元の遊園地なら、1、500円もあれば充分、楽しめる。

同じことが中学生や高校生にも言える。今や、『テーマパーク・遊園地』は、彼らのデートコースとしてなくてはならない存在なのだ。それは友達同士でも同じことで、中には、USJに年に20回も行っているというツワモノまで現れる。

また、親側にも意識の変革がある。

家計のためにイヤでも働かなければならない母親たちもいる反面、女性の社会進出の名のもと、育児や子育てよりも自分の生き方を優先する女性が増えてきた。

育児よりも……と書いてしまうと、「育児はきっちりやっています！」と炎上ネタにされそうだが、実際のところ、1人の女性のできる範囲というのはおのずと決まってしまう。

あれもこれも完璧に……は理想ではあるが、実現は難しい。

結果、「手抜き」、「お手軽」という言葉のついた家事方法が人気を集め、土日に仕事のある家庭ならば、子どもたちが休日の昼間、何をしているかまでは見通せない。

子どもたちも反抗期・思春期ともなれば、母親にいちいち自分の行先など告げたりしない。ますます、親は子どもの行動が見えにくくなる。

決して、それが悪いと言っているわけではなく、そういう時代なのだ。その中で子どもたちの足は明るい空の下、『遊園地』へと向かっていく。そこで社会やルールを学び、成長していくのである。

つまるところ、そうした子どもたちがいる限り、いくら少子化が叫ばれようとも、遊園地はなくならない。

そう、実は子どもたちは、『遊園地に行っている』のである。

第3章　そこには未来の博士や天才パティシエが……
―体験は可能性無限大！　キッザニア、レゴランド、グッジョバ、カンドゥー、日本科学未来館に熱狂する子どもたち―

さて、ここまで主に遊び主体のテーマパークや遊園地を見てきたが、近年、いわゆる体験型テーマパークが注目を集めている。

その代表格が日本では甲子園と東京で展開しているキッザニアだ。

公式ＨＰによるとキッザニアは、３歳から15歳の子どもを対象にした、楽しみながら社会の仕組みが学べる「子どもが主役の街」とある。

館内には、子どものサイズに合わせて３分の２スケールで作られた銀行やテレビ局、警察署など約60のパビリオンがあり、街中には、消防車や救急車も走っている。

そこで子どもたちが体験するのは、好きなパビリオンを選んでお仕事をすること。仕事をすれば、お給料として専用通貨の「キッゾ」がもらえ、その通貨で買い物を楽しんだり、サービスを受けたりすることもできる。

嬉しいのは、体験して作ったピザやソフトクリームは実際に食べることができ、「制作物」や自身のキッザニアでの活躍が収録された「DVD」などが持ち帰れること。

だが、何よりも子どもを喜ばせているのは、「保護者は一緒にアクティビティを体験したり、パビリオンの中に入ることができない」ということだ。

子どもにとって、本当にやりたいことがある時、親の余計な口出しは迷惑以外の何者でもない。途中でやる気が失せてしまうこともしばしば。

そういう親に限って必ずと言っていいほど、「アンタは何をやっても根気がない」などと、子どもの性格批判……しかもまるで見当違いな説教まで始めるのだ。

だが、キッザニアにはそういう親は入れない。子どもは作業に熱中できる。

親はガラス越しにその姿を見ているだけ。

そういってしまうと、親をないがしろにしている施設と勘違いされるかもしれないが、親はあえてガラス越しに子どもの真剣な表情を見ることで、それまであわただしい生活の中で見過ごしてきた、子どもの大きな成長ぶりを知ることができる。

ずっと親に頭ごなしに叱られてきた子どもは、初めてここで、「自分にもできることがある！」という大きな成功体験を得ることができる。

これは子どもの成長心理にとって、とても大きなことで、自分に自信を持てた子どもは少々のことではへこたれない。しかし、自分に自信がないまま、親に育てられた子どもは意識として、自己の帰る場を失い、将来、生きにくい人生をおくることとなる。

こんなに子どもの将来までを左右するような素晴らしい施設を創設したのは、メキシコ人のハビエル・ロペス氏。創設のきっかけは、彼が金融分野で仕事をしていた時。友人の勧めで子どものデイケア施設を作ろうとしたが、ピンと来ず、むしろ、その中の案のひとつであった子どもたちの『役割遊び』に目をつけたことだという。

中央日報の2013年の記事で彼は答えている。

「子どもたちは誰でも役割遊びが好きだ。消防士になりたい子どもたちに、その服装を与えて本物の道具を提供するようなケースは当時なく、結局このアイデアを拡大して具体化させながら今のキッザニアが誕生した」

さらに彼はこうも言っている。

「キッザニアを通じて職業についての使命感を幼い頃から持てる」と。

使命感は自信がなければ保てない。ハビエル氏はそのことをよく知っていたのである。

そうして、1999年9月1日、世界最初のキッザニアがメキシコシティーに誕生する。

日本に上陸したのは、2006年10月5日。まずキッザニア東京がオープンし、2009年にキッザニア甲子園がオープンする。キッザニアは全世界に広がり、2015年現在では世界23カ国で展開している。

ロペス氏によれば、そんなキッザニアの全世界での予想収益は、2013年に700万ドル。世界各国に展開するキッザニア施設に3億5、000万人の子どもたちが訪れているという。

また、キッザニアの運営に欠かせない協力企業もオープン当初はたったの25社だったのが、1年間で42社に増え、現在では、650社にもなっている。

ロペス氏はこうも言う。

「キッザニアは収益中心の企業ではない」と。「利益を上げながら共同体の助けにもなる企業、世の中のために良いことをしながら収益を出す企業がまさにキッザニアだ」。

だが、ここで日本人としては、「ちょっと待ってくれ！」と言いたい施設がある。

過去、日本の京都にも、収益目的ではない『私のしごと館』という、立派な職業体験施設があったのだ。

2003年にグランドオープンした『私のしごと館』では、中高生、修学旅行生、若者層をターゲットに、各種仕事の展示体験コーナーや世界最大の体験型職業労働博物館の機能も持たせた。

目的は良かった。目指すものも良かった。間違ってはいなかった。

しかし、あまりにも、お役所すぎた。名称も堅すぎた。誰が「労働」という言葉を聞いて、目を輝かせるだろうか。館内には、優れたバーチャルミュージアムや電車運転シミュレーション、数々の伝統工芸の体験、宇宙開発から芸術・デザイン、かと思えば、家具の組み立て、医療・福祉まであったのに。

結果『私のしごと館』は、「赤字垂れ流し」、「民間でできることを民間よりコストをかけて民間以下のサービス」など、各メディアにもさんざん叩かれるようになった。

その間も赤字は膨らみ、来館者は減り、2010年3月に閉館した。

重ね重ね、惜しい。ここにハビエル氏の魂がほんの少しでも入っていたら、もっと別な展開ができたように思えてならない。

話を戻そう。

『キッザニア』はいわば外国生まれだが、日本にも独自に科学と子どもを融合させて集客を増やしている施設がある。それが、元宇宙飛行士の毛利衛氏が館長を務める『日本科学未来館』だ。

この施設に行くと分かるが、子どもたちは様々な科学実験の体験にキラキラと瞳を輝かせ高揚している。例えば2016年2月の実験教室を覗くと、サイボーグ～きみの筋電でロボットが動く～、グリーンにつくる蛍光物質、太陽電池をつくって考えよう、DNA鑑定～科学捜査で犯人を見つける～、iPS細胞から考える再生医療など。

最初はあまり興味を持っていなくても、実験が進むにつれ、だんだんと子どもたちの頬が紅潮していくのがわかる。

ここからもしかしたら、未来のノーベル賞受賞者が生まれるかもしれないのだ。

嬉しいことに他にも、体験型テーマパークは続々と増えている。

例えば、2012年6月に東京のお台場にオープンしたレゴランド・ディスカバリー・センター東京は、全世界の子どもたちに大人気のレゴ®ブロックをテーマにした屋内型アトラクション。

カラフルなレゴ®ブロックを使って、自分の創造力を最大限に広げ、世界に1つの自分だけの車や家を作ることができる。

自分だけのオリジナルマイクを作って、カラオケステージで歌ったりもできる。

だが、何と言っても1番のアトラクションは、ビルド&テストゾーンだろう。

自分だけのスペシャルな車を作るだけではなく、100分の1秒の精度の本格的なストップウォッチを使って、テストドライブまでできるのだ。タイムがイマイチ！　と思ったら、自分の頭脳をフル回転させて車を改造。やがて、本当に唯一無二の、輝く自分だけの車を仕上げることができる。

また、そのための必須知識として、レゴ®ブロックの達人マスタービルダーからスゴ技テクニックを学ぶこともできる。

柔らかいプラスチックがどうやってレゴ®ブロックの形になるのか、目がまん丸くなってしまう見学コーナーもあり、子どもたちの探究心はわくわくで止まらない。

このレゴランド・ディスカバリー・センターは、2007年にベルリンに造られたのが最初で現在、アトランタ、ボストン、トロント、マンチェスターなど世界中で展開しているが（日本でも2015年に大阪に国内2カ所目のLDC大阪がオープン）、実はこれ、1968年（早い！）にレゴ社の本社のあるデンマークに造られた屋外型テーマパーク、レゴランド・ビルン・リゾートの縮小版。

屋外型にはジェットコースターなどのいかにも遊園地といったアトラクションもあるが、目的はあくまでも教育。運河やダムを作りながら自然に地形を学んでいたり、と屋内型とは規模の違う体験ができる。

レゴランド・リゾートは、2016年現在、世界7カ所で展開しているが、これが2017年の4月に日本の名古屋市でレゴランド・ジャパン・リゾートとしてオープンすることが、2016年5月19日に発表された。

開園すれば世界8番目のレゴランド・リゾートだ。東のTDL、西のUSJの真ん中に新しい大型テーマパークが飛び込んでくることになる。地震の多い日本ならではの活断層を学んだりもできれば、将来、より実践的な地質学者の卵が育ってくれるかもしれない。

また、2013年12月に千葉県幕張副都心にオープンしたカンドゥーは、先行する体験型アトラクションキッザニア同様、約30種の職業を体験できるものだ。

よく、キッザニアとカンドゥーは似ていると言われるが、それもそのはず、カンドゥーは、キッザニアの創業メンバーだったルイス・ラレスゴイチ氏がキッザニアを離れてのち、2013年1月にキッザニアのコンセプトに改良を加えて、コロンビアで世界1号店をオープンさせたもの。

キッザニアの代表であるハビエル・ロペス氏とは学生時代からの親友でもある。

そんなルイス氏がカンドゥーでプラスした、キッザニアにはなかったコンセプトが『家族』と『食育』だ。

キャッチフレーズは『親子3世代で楽しめるテーマパーク』。

施設のデザインも、まず、真ん中にレストランテーブルを置き、その周囲に子どもたちが職業体験できる『ベニュー』という部屋が配置されている。このレストランの席は、入場と同時にひと家族にひとテーブルという形で案内され、退場までその家族がそのテーブルを使うことになる。

休める場所があるのは高齢となったおじいちゃんおばあちゃん世代には嬉しいサービスであるし、子どもたちは、自分が作ったお菓子などをテーブルに持ってきて、家族で成果を楽しむことができる。

つまり、このレストランテーブルは、『いつでも家族の待つ家』であり、数々の体験ゾーンは子どもが羽ばたいていく『世界』なのだ。

これはとても重要なことだ。子どもは家が安心できる場所であればあるほど、自由に発想を広げ、夢を持ち、世界へ未来へ自信を持って飛び出して行かれる。それは、何があっても自分を待っている場所＝家があるからだ。

だが、親に虐待を受けるなど不幸な成長期を過ごした子どもにとっては『家』は恐怖の場所でしかなく、とぼとぼと夕方の道を歩く子どもは安心できる場が持てず、自己肯定もできず、根無し草のような空しさを心に抱えて一生を過ごすことになる。

そういった意味で、このカンドゥーの設定は子どもの孤食問題も含めて、大きな問いかけをしているといえるのではないだろうか。

さて、ここまでは日本科学未来館を除き、海外発信の体験型テーマパークを紹介してきたが、2016年3月18日にいかにもメイドインジャパンを体験できるエリアがよみうりランド内にオープンした。

それがグッジョバ‼　だ。

体験できる分野は、自動車、食品、ファッション、文具と少ないが、そこにはそれを補ってあまりある面白さがある。

その代表がオリジナルの『日清焼そばU・F・O』を作るワークショップだろう。

まず、自身がカップ焼きそばになって、水をかけられたりと、麺側の感覚をライド型のアトラクションで体験。そのあと、ファクトリーでフタのデザインから作り、好きな具を入れて、自分だけのオリジナルのカップ焼きそばを作ることができる。

カーファクトリーでは、実際のメーカーが提供して、好きなデザインの部品を車体に取り付け、実際にその車に乗って車両検査をして試験走行まで楽しめる。

アクセルとブレーキでスピードを調整したりと、まさに気分は一人前のエンジニアだ。

同様にファッションでは自転車をこいで発電してニット製品を作ったり、文具ファクトリーではノートを作ったり、生活に密着したものを身体を動かしながら学ぶことができる。


だが、グッジョバ!! の一番の見どころは、入り口すぐに置かれた、高さ約4メートルの全自動変形ロボ「CIRA（サイラ）」だろう。これがなんと、ロボットから車へと、車からロボットへと交互に変身していくのだ。これぞ、まさにリアルトランスフォーマー!!

こんなことを考え付くのは、超合金から合体ロボとロボットアニメの最先端を走ってきた日本人ならではで、大人でも歓声をあげてしまう。

こうした『グッジョバ!!』や『カンドゥー』、そして『キッザニア』にしろ、『日本科学未来館』にしろ、テーマパークという枠からはやや外れているかもしれない。いや、外れているだろう。だが、だからこそできる何物にも代えがたい体験がそこにある。

日本では、今、毎年のように、ノーベル賞を受賞する科学者が現れている。しかし、その一方で、頭脳の流出も大きな問題となっている。頭脳の海外流出を止めるためには、日本の機構自体が根本的に変わっていかなければならない。

そのためにも、もっともっと『キッザニア』や、『日本科学未来館』といった施設が増え、子どもたちが楽しく学びやすく行きやすい環境を作らなければならない。

だからこそ、世のお父さんに言いたい。

忙しい仕事の合間を縫ってでも、こうした子ども主体の体験型施設へ子どもたちを連れていってあげて欲しい。

自分の子どもが目を輝かせるその姿には、絶対に、未来を信じていたあなたの子どもの頃のまなざしが投影されているはずだから……。

取材協力および資料提供

ＭＫスエマツ株式会社
小田急電鉄株式会社広報部
小山ゆうえんち
株式会社ナムコ
株式会社松屋浅草店
株式会社ヨークベニマル
株式会社ららぽーと
財団法人天文博物館五島プラネタリウム元館長　村山定男
財団法人東京動物園協会
渋谷区郷土資料研究家　佐藤豊
渋谷区五島プラネタリウム天文資料
瀬田玉川神社

東京急行電鉄株式会社広報部
日本冶金工業株式会社
吉井健三
読売新聞社広報部
その他、各遊園地に思い出を持つ皆さん
Special Thanks　六角裕子

参考資料

恩賜上野動物園編『上野動物園百年史』
株式会社松屋『松屋百年史』
劇団前進座公式ウェブサイト
厚生労働省『オウム病対策の徹底について』
講談社『海を超える想像力』加賀見俊夫著
講談社現代新書『日本の遊園地』橋爪紳也著

財団法人天文博物館五島プラネタリウム『五島プラネタリウム44年のあゆみ』
財団法人松尾育英会ウェブサイト
財団法人松尾芸能振興財団ウェブサイト
社団法人・日中友好協会ウェブサイト
帝国データバンク『第19回：第3セクター経営実態調査』
東京急行電鉄株式会社『多摩田園都市―開発35年の記録』
東京急行電鉄株式会社『東京急行電鉄50年史』
日経ビジネス2001年7―23日号『フラミンゴの奮闘むなしく無念の閉園』
日本冶金工業株式会社『日本冶金工業60年史』
NOBORITO.NET（http://www.noborito.net/）
船橋ヘルス・センター『船橋ヘルス・センター　パンフレット』
向ヶ丘遊園の緑を守り、市民いこいの場を求める会『向ヶ丘遊園の思い出集　わたしの向ヶ丘遊園』
『もうひとつの上野動物園史』小森厚著
横浜ドリームランド『夢の国ドリームランド』
読売新聞社『読売新聞八十年史』
読売新聞社『読売新聞百二十年史』
リヨン社『わたしは浅草の夢売り人』高井初恵著

いいね！ニュース『大震災のあの日　ディズニーランドでは』

産経ＷＥＳＴ『ハウステンボス３００万人達成へ』

中央日報『キッザニア設立ＣＥＯインタビュー』

『レゴランド・ディスカバリー・センター東京』公式サイト

『ｋａｎｄｕ』公式サイト

『ｋａｎｄｕ』スタッフブログサイト

『グッジョバ‼』公式サイト

《著者紹介》

白土　健（しらど・たけし）

大正大学人間学部教授。

㈱プリンスホテル，財団法人日本ホテル教育センター，育英短期大学，松蔭大学を経て現職。

趣味は大型バイクを操ってのツーリング，ゴルフ，レジャー施設の体験。

●座右の銘は「高く登れば遠くが見える。」

●勉強は人から聞いて覚えるだけでは楽しくないし，すぐ忘れてしまう。本当に身に付く勉強とは何かを模索中。

青井なつき（あおい・なつき）

フリーライター，作家，生活研究家。『冠婚葬祭こんな時あんな時』毎日新聞朝刊，『古来日本の知恵』ダイヤモンド社などを執筆，得意ジャンルは芸能ネタを除いてゆりかごから墓場まで。月刊誌のルポで日本各地の祭りや郷土食，風習などを取材。小説は『ABC は知ってても』（講談社刊），『海に降る雨』（ミリオン出版刊）ほか。雨の日は眠い猫型人間。

（検印省略）

2016年10月20日　初版発行　　　略称－遊園地

なぜ，遊園地は
子どもたちを魅きつけるのか？

著　者　白土　健・青井なつき
発行者　塚　田　尚　寛

発行所　東京都文京区春日2－13－1　株式会社　創　成　社

電　話 03（3868）3867　FAX 03（5802）6802
出版部 03（3868）3857　FAX 03（5802）6801
http://www.books-sosei.com　振 替 00150-9-191261

定価はカバーに表示してあります。

ISBN978-4-7944-5061-6 C3234
Printed in Japan

組版：トミ・アート　印刷：平河工業社
製本：宮製本所
落丁・乱丁本はお取り替えいたします。